서울미래유산기록

02

서울의 대장간

BLACKSMITHS IN SEOUL

기획
박현욱(학예연구부장)
최형수(조사연구과장)
김양균(前조사연구과장)

현장조사 및 원고작성
최보영(학예연구사)
최동진(학예연구원)

사진
김동오
정영주

실측 및 공간기록
㈜지문도시건축
㈜테라픽스

교정
㈔국어문화운동본부

자료제공
동명대장간, 동광대장간, 불광대장간, 형제대장간
국립중앙박물관, 간송미술문화재단, 수원광교박물관
문화재청, 서울연구원, 서울문화재단, 조선일보, 동아일보

일러두기

1. 이 보고서는 2021년 서울미래유산기록 사업의 결과물로 제작되었다.
2. 현장감 있는 내용 전달을 위해 제보자의 구술을 수록하였으나 내용이 중복되는 부분은 흐름에 방해되지 않는 범위 내에서 교정을 보았다.
3. 현장에서 사용하는 일본어 투 용어 등은 가급적 순화어나 외래어 표기법을 따랐으나, 대체어가 없는 경우 현장 용어를 그대로 사용하였다.
4. 제보자의 구술 내용은 서울역사박물관의 방향과 맞지 않을 수 있다.
5. 수록된 이미지는 대부분 소장처의 동의를 구하였으나, 당사자를 찾을 수 없는 이미지는 관련 소장자의 동의를 추후 구하고자 한다.
6. 보고서에 실린 시각 자료는 서울역사아카이브(https://museum.seoul.go.kr/archive)에서 확인 및 다운로드가 가능하다.

서울미래유산기록

02

서울의 대장간

BLACKSMITHS IN SEOUL

서울역사박물관

SEOUL MUSEUM OF HISTORY

서울의 대장간
BLACKSMITHS IN SEOUL

Contents

PART 01

조사개요

PART 02

서울미래유산 대장간
동명, 불광, 형제, 동광

PART 03

서울의 대장간 도구, 재료, 제작 방식

PART 04

서울의 대장간 생산품과 판매 방식

PART 05

발간사

서울미래유산은 근·현대 서울을 배경으로 다수의 시민이 체험하거나 기억하고 있는 사건, 인물 또는 이야기가 담긴 유·무형의 문화유산입니다. 서울특별시 미래유산보존위원회는 미래세대에 남길 만한 가치가 있다고 인정되는 489개의 서울미래유산을 지정했습니다. 미래유산은 비록 서울시가 등록한 '문화재'는 아니지만 근·현대 시민의 삶을 보여주는 귀중한 역사문화 자원입니다.

서울역사박물관은 도시 박물관으로서 그동안 비교적 소홀하게 다뤄져 온 가까운 과거에 대한 세밀한 조사·기록 사업도 꾸준히 진행하고 있습니다. 그 노력의 하나로 서울미래유산기록 사업을 2020년부터 시작해 서울 사람들의 삶의 모습과 기억을 다채롭게 저장해 나가고 있습니다. 서울미래유산기록 두 번째는 '서울의 대장간'입니다. 미래유산으로 지정된 서울의 대장간 4곳을 1년 간 기록하여 그 결과를 보고서로 발간하였습니다.

역사성과 희소성을 평가받아 서울시 미래유산에 선정된 대장간은 천호동 동명대장간을 비롯해 전농동 동광대장간, 대조동 불광대장간, 수색동 형제대장간 4곳입니다. 장인의 경력을 기준으로 모두 50년 이상 전통을 이어오고 있어 그 가치를 인정받고 있습니다.

도심 개발과 함께 서울의 대장간은 대부분 사라져 그 수는 이제 손에 꼽힐 만큼이 되었습니다. 그럼에도 지금까지 서울에서 그 자리를 꿋꿋하게 지켜온 대장간을 기록하는 것은 매우 의미 있는 작업입니다. 오랜 세월 부단한 성실함으로 하루하루를 충실하게 보내 온 서울의 전통 제조업이자 시민들의 일상 속에 없어서는 안 될 존재였던 대장간의 면면을 알릴 수 있는 기회가 되기를 바랍니다.

팬데믹 상황에서도 이번 조사가 원만하게 진행될 수 있도록 협조해 주신 동명대장간, 동광대장간, 불광대장간, 형제대장간 관계자분들께 진심으로 감사드립니다. 뿐만 아니라 서울의 대장간을 충실하게 기록하는데 함께 해주신 지문도시건축 조현정 소장님, 테라픽스 정성혁 대표님, 김동오 사진작가님, 조사연구과 직원들에게도 감사를 표합니다.

2021년 12월

서울역사박물관장 김용석

서울의 대장간

PART 01

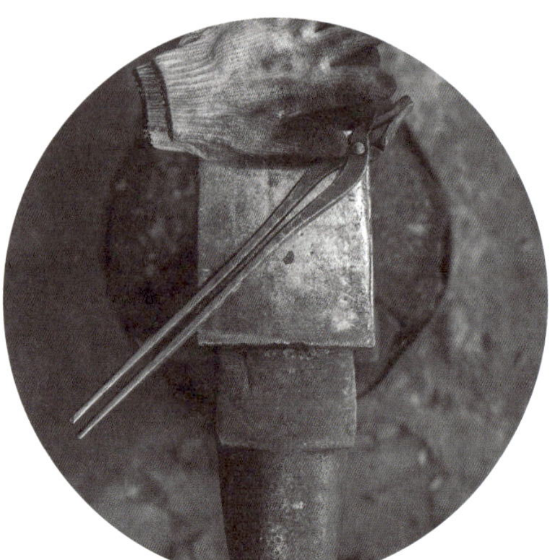

조사개요

1. 무기제조에서 출발한 서울의 대장간
2. 서울미래유산 제도와 서울의 대장간
3. 조사 방향과 조사 과정

PART 01
조사개요

1 무기제조에서 출발한 서울의 대장간

군영軍營의 야장冶匠들이 만든 풀무재

과거부터 금속은 인류 문화가 발전하는데 중요한 역할을 담당하였다. 그런 금속을 다루는 기능인들은 고대부터 근대에 이르기까지 우리의 삶에 꼭 필요한 직업군이었다. 조선시대에는 그들을 야장(冶匠)이라 불렀고, 야장들은 관영수공업체제 아래에서 국가의 관리를 받았다.[01] 『경국대전(經國大典)』에 따르면 전국의 야장은 총 710명으로 서울에 424명, 지방에 286명이 있었다.[02] 전체 야장의 약 60%를 차지하는 서울의 야장들은 공조(工曹), 군기시(軍器寺), 상의원(尙衣院), 교서관(校書館), 선공감(繕工監), 내수사(內需司), 귀후서(歸厚署)에 소속되어 의례, 무기 등 각종 철물(鐵物)을 생산하였다.

조선 후기 관영수공업이 해체되면서 군기시를 중심으로 한 무기 생산 역할이 각 군영으로 나뉘게 되었다. 임진왜란 이후 훈련도감(訓鍊都監)과 증설된 군영은 자체적으로 공장시설을 갖춰 무기를 생산하였다.[03] 현재 동대문디자인플라자(DDP)가 자리한 을지로7가 2-1번지는 훈련도감 동영이 있었던 곳이다. 조선시대 동영을 비롯한 훈련도감에 소속된 야장은 140명이었다.[04] 지금의 세운스퀘어(세운상가) 부근인 인의동 112-2번지는 어영청(御營廳)이 있었던 곳으로, 이곳에서도 무기를 제작하였다. 이 때 야장을 비롯한 공장(工匠)을 고용한 군영은 일정량의 급여를 지급하였다.[05] 각 군영에 소속된 야장은 일정한 기간 동안 신역(身役)을 제공하고 교대로 번(番)을 섰으며, 귀가한 후에는 사적으로 생산활동을 할 수 있었다.[06]

무기 생산의 주축이 되었던 군영들이 을지로7가 일대에 있어 수많은 야장들은 이곳을 무대로 활동한 것으로 보인다. 이러한 흔적은 지명에서 찾을 수 있다. 중구 묵정동으로 해서 쌍림동을 거쳐 충무로로 지나는 충무로5가께에 풀무재가 있었다. 고개 언저리 길가 좌우로 대장간이 늘어서 있었으므로 '풀무재' 또는 '대장고개'라 하였고, 한자로는 야현(冶峴)이라 하였다. 풀무란 대장간에서 불을 피울 때 바람을 일으키는 기구로써 한자로는 '야로(冶爐)' 또는

01 고려조 대장장이의 체계를 확인할 수 없을 뿐 그 체계가 없었던 것이라 할 수 없다. 고려조에 철물 그릇 등을 주조했던 장야서의 기사를 확인하면 은장(銀匠), 금박장(金箔匠), 경장(鏡匠)이 확인된다. (『고려사』 권80 志34, 식화3(장야서)). 여기서 확인되는 장인들은 조선시대에도 확인할 수 있다.(『경국대전』, 공전(경공장)). 따라서 조선시대에 이르러 확인할 수 있는 공장들의 업무와 체계는 고려시대의 것을 계승하여 보다 세밀하고, 구체적으로 변한 것이다.

02 『경국대전』, 공전(경공장); 『경국대전』, 공전(외공장)

03 『국역 비변사등록』 효종 4년 5월 25일(庚寅)

04 『국역 비변사등록』 인조 19년 5월 2일(庚寅)

05 서울역사박물관, 『한양의 삼군영』, 2019, 195~196쪽.

06 위의 책, 241쪽.

‘풍상(風霜)’이라 한다. 『한경지략(漢京識略)』 각동조(各洞條)에는 “야현(冶峴)은 곧 남산의 동편 기슭이다. 비파정(琵琶亭)이 있는데, 지금 정자는 없고 단지 소나무만 있으며 올라가서 조명하기에 좋다.”라고 하였으니, 고개 위에 비파정이란 정자가 있고 정자에서 바라보는 주위의 경치가 뛰어났음을 알 수 있다.[07] 고종 대 풀무재에는 100여 개의 대장간이 자리하고 있었다.[08]

을지로7가 일대 모습(1967)
중앙에 옛 서울운동장(현 동대문디자인플라자)이 보인다.

07 서울특별시시사편찬위원회, 『내고향 서울2, 서울의 고개』, 1998, 98쪽.
08 유수, 「[풀무재 대장간] 600년 역사 풀무재 대장간」, 『민족』21, 2005, 52쪽.
09 서울특별시시사편찬위원회, 앞의 책, 1998, 98쪽.
10 동아일보, 「서울운동장을 확장 내년 상반기까지」, 1977년 6월 8일자.
11 동아일보, 「정도 600년 서울 재발견 <12> 이름만 전해오는 고개마루들」, 1993년 5월 15일자.

해방 이후 서울 대장간의 중심지가 된 을지로7가

1907년 정미7조약의 결과로 훈련원이 해산되었고, 야장들은 각지로 흩어졌다. 그러나 많은 대장장이들이 계속해 을지로7가 일대에 자리잡으면서 이 일대는 우리나라 철물 산업의 중심지이자 대장장이를 양성하는 교육의 장이 되었다. 1970년대 말에는 이곳에 70여 곳의 대장간이 있었다. 1980년대까지도 공사장에서 쓰이던 해머 같은 연장을 두드려 만들어 팔던 대장간이 상당수 있었다.[09] 하지만 1970~1980년대 서울운동장 확장[10]과 지하철 공사 과정에서 대다수 대장간이 철거되었다. 이 과정에서 을지로7가에 모여 있던 대장간은 점차 주변부로 밀려났고, 일부는 중구 신당동 일대에 터를 잡았다. 1980년에는 서울운동장 뒤편 신당동 일대에 20여 개의 대장간이 있었지만,[11] 현재는 충남대장간, 경남대장간 2개의 대장간만이 남아 있다.

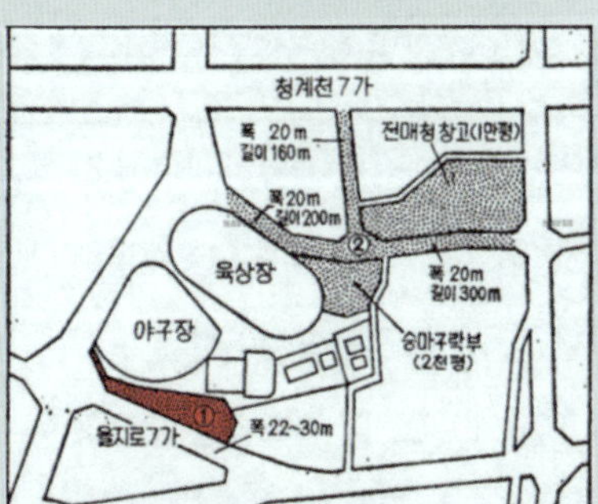

서울운동장 일대 확장 공사 계획(1977)
야구장 아래편 ①은 당시 대장간이 몰려 있던 지역이다.
출처: 동아일보, 「서울운동장을 확장 내년 상반기까지」, 1977년 6월 8일자.

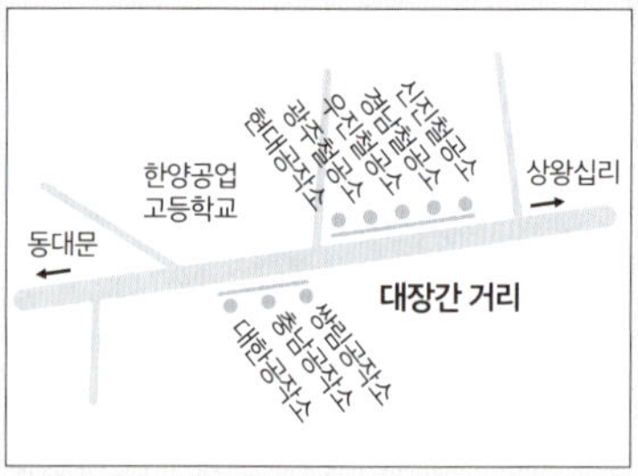

신당동 대장간 거리 현황(2007)

✦ 당시 대장간 이름이 이천집, 대동집이고, 위에는 대성집, 풍년집, 제일집 있는데 길 건너가서 무슨 광 집인데 지금은 생각이 안 나요. 또 그 밑으로 내려가면 대장간이 4개 있었는데 쌍림, 경남, 충북이랑 나머지는 기억이 안 나네요.

박경원(남, 1938년생), 2021. 2. 24. 조사.

사라져 가는 風物 ①

〈옛것의 아쉬움…그「情趣」를 찾아〉

대장간

「工場」에 밀려 사양길

화덕의 불-메질꾼 망치소리 아련

"고객 기호 맞는 手製品생산이 活路"

◇겨우 명맥을 잇고 있는 서울 을지로7가의 대장간 내부. 연료가 나무에서 탄으로 바뀌고 풀무대신 전기모터로 불길을 돋구지만, 시커멓게 그을은 내부와 달군 쇠덩이를 때리는 메질 소리가 그나마 옛 정취를 느끼게 한다.

1980년대 서울의 대장간 현황에 대한 신문기사

"서울의 경우 현재 영업 중인 대장간은 50여 군데에 불과하다. 서울운동장 뒤편에 20군데, 그리고 영등포 역전, 을지로7가에 10여 개씩 모여 있고, 뚝섬·수유리·용두동 골목 등 사람들의 눈길을 벗어난 곳에 잊혀진 듯 자리 잡고 있다. 그나마 규모와 형태가 예전에 비해 많이 달라졌을 뿐 아니라 명칭도 근대화되어 '대장간'에서 '○○철공소' '○○공작소'로 바뀌어 옛 추억이 남아있는 사람에게는 실망을 안겨줄 뿐이다."

출처: 조선일보, 「사라져 가는 풍물 <옛것의 아쉬움.... 그 정취를 찾아> 대장간 '공장'에 밀려 사양길」, 1980년 4월 15일자.

서울의 도시개발과 대장간

1966년에 시행된 토지구획정리사업은 서울의 도시개발을 원활하게 준비하기 위해 추진된 사업으로 1970년대 서울 개발의 초석이 되었다. 1966년부터 1984년까지 서울 면적의 35%에 달하는 구역에서 토지구획정리사업이 실시되었다. 1960년대 토지구획정리사업은 1970~1980년대 건설업을 호황으로 이끌었다. 아울러 건설현장에서 사용하는 도구를 공급하며 대장간도 성황을 누렸다. 이 과정에서 그동안 농기구나 일상생활 용품을 주로 생산하던 서울의 대장간은 건설현장에서 사용하는 도구를 주로 취급하며 도시 제조업으로서의 특성을 나타내게 되었다.

동부 서울 택지조성사업 착수 기념식(1966)

전농동에서 택지조성사업과 관련하여 김현옥 시장이 참석한 가운데 착수 기념식을 거행하는 모습이다.

1955년에 서울의 농림어업 종사자는 9.1%이었지만, 도시화가 진행되었던 1980년을 기점으로 2.4%, 2010년에는 0.2%로 줄어들었다.[12] 이러한 사회적 변화로 서울의 대장간에서 농기구를 제작하는 비율은 자연 감소하였다. 대신 서울의 대장간에서 주력으로 판매하는 물품은 당시 건설현장의 인부, 목수, 석공들이 쓰는 삽, 곡괭이, 정, 망치 같은 연장이 대표적이었다.

서울도시계획 전시장(1966)

1966년 8월에 서울도시계획 전시장이 시청 앞 광장에 마련되었다.
'대서울도시기본계획', '새서울백지계획' 등 각종 도시계획의 모형도와 도표 등이 전시 되었다

12 서울역사편찬원, 『현대 서울의 인구와 사회구조 33권』, 2019.

✦ (1970년대 후반) 서울에서는 까뀌, 목수들이 쓰는 끌, 한옥 벗기는 칼, 겐노(석공망치), 하겐노(석공망치), 대자귀 이런 것을 만들었어요. 낫 같은 것은 잘 안 했고, 연장을 주로 만드는 것이 서울 일이었어요. 대장간도 다 같은 대장간이 아니라 서울과 시골 대장간은 달라요. 그래서 시골 대장간 가서 구경하고 그래요.

박경원(남, 1938년생), 2021. 6. 11. 조사.

산업화와 서울의 대장간

1970년대 농업 분야에서 기계화를 통한 공장제 제품을 생산하기 시작하였다. 정부는 우리나라의 농업 능률을 향상시키기 위해 공장제 농기구의 보급과 농기계 생산을 촉진하였다.[13] 이어 1970~1980년대 도시개발은 중기계 산업, 공작기계 산업의 성장을 불러일으켰다.

제12회 서울시 우량 공산품 전시회(1967)

13 경향신문, 「農機具 국산화 촉진 소기구 생산 3백만개, 수출도」, 1970년 6월 10일자.;동아일보, 「국산화 따라 농기구공장 정비」, 1971년 5월 24일자.
경향신문, 「農器具공장 합작」, 1971년 4월 21일자.

중기계의 효시는 1975년 국내 기업인 현대양행에서 프랭크사의 굴삭기인 MC100을 조립 제조하면서 시작되었다.[14] 그 이후 불도저, 로더, 믹서트럭과 같은 중장비가 건설현장에 투입되었다. 현대양행의 굴삭기 이후 1970~1980년대 대규모 기계공장이 등장하였고, 중장비 산업이 성장하였다.[15] 중장비 산업의 성장은 곧 수공구의 입지를 위축시키는 결과로 이어졌으며, 수공구의 입지 위축은 대장간의 수요 감소로 직결되었다. 중장비와 같은 기계공업의 성장은 공작기계 산업의 성장도 촉진시켰다. 공작기계업은 이미 일제 강점기에 보급된 바 있지만 1970년대 기계공업 육성책에 따른 지원을 바탕으로 1970~1980년대 건설업, 기계공업과 함께 호황을 맞이하였다.[16] 공작기계 산업은 그 명칭에서 알 수 있듯 '기계를 제조하는 기계공업'으로 공작기계업의 성장은 곧 기초 철물 가공 부분에서 일정량의 시장을 확보하고 있던 대장간에 타격을 주었다.

건설현장의 기계화와 더불어 1990년대 중국산 제품이 등장하면서 대장간은 존폐의 갈림길에 섰다. 각처의 기계화는 간접적으로 대장간의 영역을 축소시킨 것이었다면 중국산 공장제 제품의 등장은 실질적으로 철물 수요 시장의 경쟁자 등장을 의미하였다.[17] 중국산 공장제 제품은 가격 경쟁에서 우위를 차지하면서 급속도로 시장을 확장하였다. 이로써 철물의 공급처는 국내산 공장제, 중국산 공장제, 대장간 생산품의 구도로 나뉘었고 시장은 삼분되었다. 삽, 가래와 같은 농기구, 배척(빠루, claw bar), 망치의 경우 중국산은 국산보다 최고 85% 저렴한 가격으로 공급되어 시장에서 가장 큰 비중을 차지하였다.[18] 값싼 연장의 등장은 전근대 이후부터 대장간이 독점했던 철물 가공품 시장의 원리를 뒤집었다. 그 중 가장 두드러진 변화는 연장의 가격이 내려가면서 소비자들이 연장을 더 이상 수리하지 않게 된 것이다.[19]

대장간의 철물 수선 업무는 매출에 일정 부분 영향을 끼칠 뿐만 아니라 단골과의 관계를 통해 시장을 장악해 나가는 사업 전략 중 하나였다. 값싼 연장의 등장은 대장간과 소비자의 고리를 끊을 뿐만 아니라, 철물을 단시성이 강한 제품으로 만들었다. 더 나아가 철물 수선은 대장장이와 소비자가 제품에 대한 문제점을 공유하면서 보다 뛰어난 제품을 탄생시키는 과정이다. 하지만 대장간의 철물 수선 기능이 축소함에 따라 대장간은 소비자의 요구에 뒤처질 수밖에 없는 구조가 되었다.

14 사이언스 타임즈, 「굴삭기 개발에 일생 건 장인정신」, 2004년 7월 29일자.

15 매일경제, 「재계 관심 끄는 야심적 대형 투자 현대양행의 기계공장 건설」, 1976년 7월 12일자.

16 매일경제, 「한국의 산업 6 공작기계」, 1994년 4월 12일자.

17 건설업과 1차 철물 가공업에서 등장한 기계화는 궁극적으로 대장간의 수요를 낮춘 원인으로 작용했지만 시장에서 대장간의 경쟁력을 낮춘 것으로 보기 힘들다. 건설업에서 다양한 중기계가 보급되더라도 결국 삽, 곡괭이, 망치와 같은 수공구는 필수불가결한 연장이다. 1차 철물 가공업의 기계화는 주로 대장간에서 행했던 철물 재단과 기초 성형 업무를 대신했고, 일부 부품의 수요를 장악했지만 1차 가공된 쇠는 결국 대장간을 거쳐야 그 용도에 따른 제품이 완성된다. 반면 공장제 제품은 시장에서 서로 다른 품목으로 가격경쟁과 품질경쟁을 구도를 야기해 직접적으로 철물 시장에서 대장간의 경쟁력을 위축 시켰다.

18 동아일보, 「중국산 농기구 인천항 반입 급증」, 1993년 3월 17일자.; 매일경제, 「외국산 봇물 공구상가 휴폐업 몸살」, 1993년 6월 23일자.

19 이승형, 「대장간 운영의 전통 약화와 새로운 대응 : 상주시 홍영두씨의 대장간을 중심으로」, 안동대학교 대학원 석사학위 논문, 2012.

여기에 더해 대장간의 수가 줄어들게 된 결정적인 요인은 인력 감소였다. 대장간의 업무 강도가 높은 것도 원인으로 작용하였다. 하지만 1970~1980년대 대장간 노동자들은 공무원에 준하거나 그 이상의 급여를 받았다.[20] 그럼에도 노동자들이 대장간 일을 기피한 것은 도제식 교육에 입각한 기술 습득과 채용이 인력난의 주된 원인이었다. 대장간의 도제식 교육은 장기간에 걸쳐 직무의 기술과 그 의미가 전달되는 교육법이다. 대장장이의 업무는 단순히 지침서에 따라 움직이는 것이 아닌 장기간 업에 종사하면서 체득하는 것이기 때문이다.[21] 이런 직무교육체계는 곧 낮은 급여로 오랜 기간을 버텨야 한다는 것을 의미하였다.

✦ 을지로7가 말고도 서울에 대장간이 많았어요. 이 근처만 해도 녹번동, 응암, 수색에도 있었고, 구파발에는 세 군데가 있었어요. 이 근처에는 내가 지금 대장간으로 넘어오고 2~3년이 지나고 다 없어졌어요.

박경원(남, 1938년생), 2021. 2. 24. 조사.

사회적으로도 산업화가 본격적으로 진행되면서 직종이 크게 늘어났다. 1963년에 2천 1백여 개였던 직종이 1970년에 이르자 3천 3백여 종으로 증가하면서 저마다 인력 보충을 요구하였다.[22] 젊은 노동자들은 1968년 정부에서 설립한 중앙직업훈련원을 비롯한 직업 교육 기관에서 교육을 받고,[23] 각 공장으로 배치되었다. 정부 주도 하에 실시된 노동자 양성과 배치는 대장간의 인력난을 심화시켰고, 대장간의 생산력 저하를 야기하였다. 인력난에 따른 생산력 저하는 대장간의 경영 기반을 흔들었고, 1980년대 이미 서울에선 대장간을 '옛 정취'로 취급하고 있을 정도로 대장간이 줄어드는 양상을 보였다.[24]

✦ 옛날부터 메질꾼, 대장, 풀무잡이가 있는 게 다 이유가 있는 거예요. 그런데 지금은 그런 인원이 없으니까 기계로만 하는데 혼자서 하면 안 돼요. 왜냐하면 우리는 일을 하고 있는데 손님이 뭘 달라고 그래. 누가 하나 있어야 될 거 아니

20 당시 공무원에 준하는 급여를 받았고, 집게 잡이의 경우 공무원 임금의 2~3배를 받았다.(정연학, 「한국대장간의 문화」, 『생활문물연구』 22, 국립민속박물관, 2008, 48쪽)

21 배우는 시간이 1년~2년 배워서 되는 게 아니니까 최하로 그래도 10년은 배워야 하는 거라서 걱정이 많이 되었어요. 저도 옛날에 8년, 9년 되어서 가게를 냈지만 그때도 제대로 못했죠. 이때만 해도 전부 다 할 수 있는 게 아니라서 내가 못 만드는 게 있으면 그거 만드는 곳에서 물건을 떼와서 팔고 그랬어요. 근데 계속 연구하면서 차츰 차츰 실력이 늘어났어요. [류상준(남, 1953년생), 2021. 4. 19. 조사.]

22 매일경제, 「기능공 인력개발과 그 문제점」, 1970년 6월 13일자.; 매일경제, 「가눈썹공」, 1970년 9월 8일자.; 매일경제, 「방직공」, 1970년 9월 15일자.; 동아일보, 「기술, 기능공 태부족」, 1970년 10월 9일자.

23 매일경제, 「직업훈련공단 설치 서둘러」, 1968년 3월 7일자.

24 조선일보, 「사라져 가는 풍물 <옛것의 아쉬움 그 「정취」를 찾아> ① 대장간 「공장」에 밀려 사양…」, 1980년 4월 15일자.

에요. 그래서 "어떤 걸 원하세요?"하면서 이렇게 해야 되는데 일하다가 말고 나가서 손님 응대를 하면 그게 무슨 일이 되겠어요. 그래서 항상 뭐든지 3명에서 4명 정도 인원이 되어야 해요. 그래야만 대장간 일이 자연스럽게 돌아가면서 그 규모를 키울 수가 있어요.

박경원(남, 1969년생), 2021. 9. 3. 조사.

현재 서울에 남아 있는 대장간은 산업화와 도시화로 인한 풍파를 온몸으로 버텨낸 곳들이다. 그러나 오늘날 거대 도시 서울에서 대장간을 지켜내는 것은 예전보다 더 어려운 일이 되었다. 현재 우리나라 인구의 18%가 국토 면적의 0.6% 밖에 되지 않는 서울에 거주하고 있다.[25] 이렇듯 서울의 과도한 인구 밀집은 사람과 사람의 물리적 거리를 더욱 가깝게 하였다. 그로 인해 층간 소음, 사생활 침해, 공해 문제들이 대두하였다. 특히 대장간은 소음과 분진 문제에서 자유로울 수 없는 공간으로 주택에 둘러싸인 대장간들은 설자리를 점차 잃어가고 있다.

제1회 전국 우수 건설자재 전시회(1967)

대한건축사협회가 건설 주간을 맞아 주최한 제1회 전국 우수 건설자재 전시회가 시민회관 옆 광장에서 개최되었다.

25 KOSIS(행정안전부, 주민등록인구현황) 2021년 8월 기준.

✦ 지금 천호동은 계속 재개발하고 있어요. 길 건너 생기는 건물도 주택단지이기 때문에 앞으로 주택이 더 들어온다면 동명대장간의 미래도 장담할 수 없어요. 현재도 대장간 주변이 주택단지고 앞으로 민원이 들어온다면 대장간을 못하게 될 거예요. 제가 생각하기에는 주변이 다 주택가로 변하면 길어야 10년, 15년 정도 밖에 대장간을 못할 것 같아요.

강단호(남, 1980년생), 2021. 7. 6. 조사.

대장간이 주택가를 벗어나더라도 상황은 크게 달라지지 않는다. 소음과 외관 등의 문제로 다른 세입자에게 피해를 줄 수 있고, 결국에는 부동산의 가치를 떨어뜨릴 수 있어 대장간은 도심에서 환영받지 못하는 업종에 해당한다. 비교적 외진 곳에 자리하고 있던 대장간도 도시가 확장되면서 개발을 피해갈 수 없게 되어 점차 그 자리를 내주고 있는 현실이다.

✦ 불광터미널 앞에 있던 대장간이 단층이었거든요. 당시 주인이 이제 우리 보고 나가라 그랬어요. 주인은 2층으로 올려서 세를 줘야 거기는 돈을 더 받잖아요. 그리고 이제 대장간이 없어지는 이유가 뭐냐면 대장간을 세 주면은 보통 대장간이 약간 허름한 데 있으니까 임대료를 많이 받을 수가 없어요. 허름한 곳에 무슨 임대료를 많이 받아요. 그러니까 집을 번듯하게 지어놓고 임대료가 많이 나오는 가게를 유치하는 거예요.

박상범(남, 1969년생), 2021. 6. 11. 조사.

2 서울미래유산 제도와 서울의 대장간

전통적 대장간의 인력 및 공간 구성

근대화 이전 대장간은 집게잡이, 메질꾼, 풀무꾼, 심부름꾼이 한 조를 이루어 작업을 하였다. 집게잡이는 '대장'이라고도 불리며 대장간의 총괄 업무를 담당하였다. 메질꾼은 크고 무거운 쇠메를 들고 달군 쇠를 늘리는 작업을 하였다. 풀무꾼은 화덕에 바람을 넣어 불의 세기를 조절하는 업무를 맡았다. 심부름꾼은 대장간의 가장 막내로 허드렛일을 돕다가 풀무꾼이 되었다. 대장간을 구성하는 필수 도구인 화덕, 풀무, 모루, 물통 등은 집게잡이를 중심으로 배치되었다. 화덕에서 달군 쇠를 꺼내 모루에 올려 메질을 하고, 물통에 넣어 담금질할 수 있는 최적의 동선을 통해 작업의 효율성을 극대화하였다.

대장간의 인력구성과 역할

구분	역할	비고
집게잡이	담금질을 구현할 수 있고, 달궈진 쇠를 잡아 메질꾼들의 메질을 지휘한다.	가장 오래된 경력자이거나 대장간의 점주
메질꾼	달궈진 쇠를 두드려 성형하고, 도구의 표면을 다듬는다.	2명 이상이 호흡을 맞춰서 작업
풀무꾼	풀무질로 쇠의 색을 보고 화덕에 적당량의 불을 피운다.	어린 아이나, 초보자가 담당

대장간의 도구 및 인력 배치

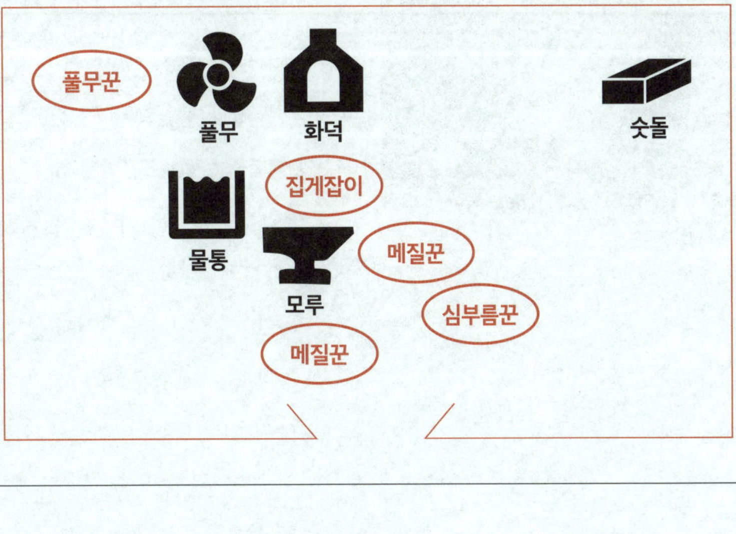

무형문화재로 지정된 대장장과 야장

대장간은 쇠를 달구어 온갖 연장을 만드는 곳이다. 1970년까지도 고유의 철기 제작공정을 이어왔던 대장간은 새로운 도구와 기계의 도입으로 전통적인 협업 방식이 와해되고, 대부분 1인이 소규모로 생산하는 방식으로 변화되었다. 과거 각 마을마다 있었던 대장간은 현재는 매우 보기 힘든 업종이 되었다. 사라져가는 전통 대장간을 보호하고, 철기 제작 분야를 육성하기 위해 일부 지방자치단체에서는 대장장, 야장 등의 명칭으로 무형문화재를 지정해 보호하고 있다.

충청남도는 3명의 대장장을 지정하였다. 아산시 온천동의 허창구(許昌究)[1945~2018] 대장장은 충청남도 무형문화재 제41-1호 기능보유자이다. 그러나 2018년 4월에 허창구 대장장이 사망해 현재 그 맥이 단절된 상태이다. 허창구 대장장은 1970년부터 같은 자리에서 혼자 창구대장간을 운영하여 농공구를 제작·판매를 하면서 아산의 유일한 대장간으로 명맥을 이어왔다. 창구대장간에서 만든 낫, 괭이, 호미와 같은 각종 농기구와 과도, 식칼 등 생활용품은 품질이 우수하였다. 특히 허창구 대장장이 만든 낫은 전국적으로 유명하여 1997년 10월에 '허허허'라는 상표등록을 하였고, 2005년에는 충청남도에서 '전통향토기업'으로 지정받았다.[26]

당진대장간

출처: 문화재청 국가문화유산포털(https://www.heritage.go.kr)

5대에 걸쳐 전승되고 있는 손창식(孫昌植) 대장장의 기술은 그 역사성과 전통성을 인정받아 2016년 7월 11일에 충청남도 무형문화재 제41-3호로 지정되었다. 당진의 대장장 손창식은 1961년에 대장일을 전수한 후 현재까지 당진시 읍내동에서 당진대장간을 운영해 오고 있다. 당진은 서해안과 접하고 있어 농업과 어업이 함께 발달한 지역으로 손창식의 생산품은 이러한 당진의 특성을 잘 반영한다.[27] 홍성군 홍성읍의 홍성대장간은 3대에 거쳐 100여 년이 넘는 세월을 이어오고 있다. 모무회(牟茂會) 대장장은 2009년 7월에 충청남도 무형문화재 제41-2호로 지정되었다.

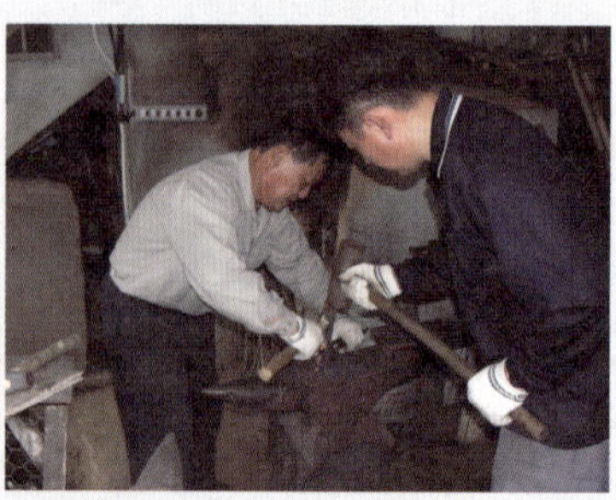
홍성대장간

출처: 문화재청 국가문화유산포털(https://www.heritage.go.kr)

충청북도는 2003년 10월에 무형문화재 제13호로 김명일(金明一), 설용술(薛溶述) 야장을 지정하였다. 김명일은 부친이 우마차 바퀴 테두리 공장을 운영할 때부터 쇠부리를 익히다가 15세부터 대장간에 취업하여 대장 기술을 전수하였고, 충주시 충의동에서 삼화대장간을 운영해 오고 있다. 설용술은 1948년에 대장간에 입문하여 1967년 33세부터 보은군 보은읍 남다리대장간을 운영해 오고 있다. 특히 여기서 만든 호미는 '보은호미'라 불리며 인기가 많다.[28]

26 한국향토문화전자대전, 대장장
27 한국향토문화전자대전, 대장장
28 한국향토문화전자대전, 대장장

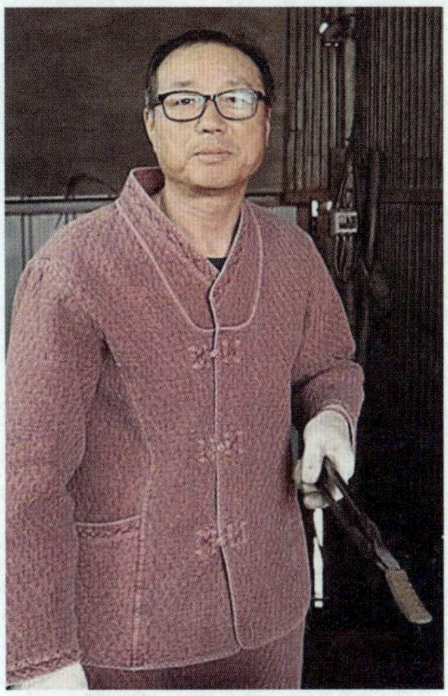

안성대장간 신인영 야장

경기도 무형문화재 제60호 신인영은 야장 보유자다. 안성시 가현동의 안성대장간은 안성 시내 십여 개의 대장간 중 깊은 역사, 높은 기술력, 큰 규모로 유명하였다. 신인영은 1969년부터 정식 야장이 되었고, 이후 5대 야장으로서 안성대장간을 운영해오고 있다. 그는 흙을 이용한 전통 접쇠를 만들어 물품을 제작할 수 있는 유일한 야장으로 알려져 있다.[29]

29 문화재청 국가문화유산포털(https://www.heritage.go.kr)

서울미래유산 지정 대장간

2021년 현재 서울에 있는 대장간은 10곳이다. 자치구별로는 은평구 3곳, 중구 2곳, 강동구·구로구·관악구·영등포구·동대문구에 각 1곳이 있다. 서울의 대장간 역사상 중요한 위치를 차지했던 을지로7가의 파생으로 중구 신당동에 있는 경남대장간, 충남대장간을 제외하고, 모두 서울 외곽 지역에 분포하는 경향을 보인다.

서울에는 대장간과 관련해 지정된 유·무형의 문화재가 전무하다. 다만 서울미래유산으로 지정된 대장간이 있다. 서울미래유산 제도는 문화재로 등록되지 않은 서울의 근현대 문화유산을 미래세대에게 전달하기 위해 만들어진 제도로서 2021년 서울시에는 5개 분야 489개의 서울미래유산이 있다.[30] 이중 대장간 4곳이 시민생활 분야로 지정되어 있다. 2013년에 은평구 대조동에 위치한 불광대장간이 첫 미래유산으로 지정되었고, 2015년에는 강동구 천호동의 동명대장간, 은평구 수색동의 형제대장간, 동대문구 전농동 동광대장간이 지정되었다. 서울미래유산으로 지정된 대장간은 생산지로서 서울의 역사를 보여준다는 점에서 가치를 지닌다.

30 2021년 11월 9일 기준.

그런데 2021년 10월에 동광대장간이 동대문구 전농동에서 경기도 남양주시로 이전하였고, 소재지 이전에 따른 서울미래유산 지정이 해제되진 않은 상황이다. 비록 동광대장간이 더이상 서울에 있는 대장간은 아니지만, 서울에서 전통 제조업이 자리를 잃고 주변 지역으로 밀려나는 현실을 극명하게 보여 준다는 점에서 이번 조사 대상에 포함하였다.

연번	자치구	상호	주소	비고
1	은평구	**불광대장간**	은평구 통일로69길 15 (대조동)	**서울미래유산**
2	은평구	**형제대장간**	은평구 수색로 249 (수색동)	**서울미래유산**
3	은평구	모래내대장간	은평구 수색로 291 (수색동)	
4	강동구	**동명대장간**	강동구 진황도로 19 (천호동)	**서울미래유산**
5	중구	충남대장간	중구 퇴계로 360 (신당동)	
6	중구	경남대장간	중구 퇴계로 360 (신당동)	
7	동대문구	**동광대장간**	동대문구 왕산로 296-1(전농동) 2021.10. 경기도 남양주시 이전	**서울미래유산**
8	구로구	광주대장간	구로구 경인로 381 (고척동)	
9	영등포구	건영대장간	영등포구 경인로 816 (영등포동)	
10	관악구	전남대장간	관악구 은천로 66 (봉천동)	

서울의 대장간 현황(2021년 10월 기준)

동명대장간은 서울미래유산 2015-008호로 강동구 천호동에 있는 강남 4구의 유일한 대장간이다. 1940년대 초반 강원도 철원에서 1대 강태봉이 상경해 해방 이전 지금의 장소에서 동명대장간을 창업해 현재까지 3대째 운영하고 있다. 동명대장간은 천호시장 인근 도로변에 있으며, 바로 맞은편 현대프라자[31]가 천호4촉진구역 도시환경정비사업으로 재개발이 진행 중이다.

31 현대프라자아파트는 1990년 6월에 준공한 112세대의 주상복합 아파트이다. 현재는 모두 철거되었고 신축 아파트 공사가 한창이다.

동명대장간 주변 천호동 재건축(2020)

출처: 서울연구데이터서비스

동명대장간 개요

서울미래유산 인증번호	2015-008
이름	동명대장간
주소	서울 강동구 진황도로 19(천호동 556-5)
대지면적	66.16 m²
연면적	19.83 m²
층수	지상 1층
구조	목구조
용도	근린생활시설(소매점)
건축물 정보	지구단위계획구역(천호지구) 내 위치 1956년 5월 10일 사용 승인

불광대장간은 서울미래유산 2013-115호로 은평구 대조동에 위치한다. 강원도 철원에서 상경한 박경원이 돈암동, 미아리, 을지로7가 대장간에서 일하며 기술을 익혀 1960년대 중반 불광초등학교 개천가에서 이동식 대장간을 연 데서 시작하였다. 1973년 서울서부시외버스터미널 앞에 불광대장간을 개업했으나 개발로 인해 1978년에 지금의 위치로 옮겨 2대째 운영하고 있다. 현재 불광대장간은 지하철 6호선 불광역에서 한 블록 안쪽에 있는 주택가에 섬처럼 자리하고 있다.

불광대장간 개요

서울미래유산 인증번호	2013-115
이름	불광대장간
주소	서울 은평구 통일로69길 15 (대조동 80-7)
대지면적	159 m²
연면적	224.19 m²
대장간 사용면적	약 11.5 m²
층수	지하 1층/지상 2층 중 1층에 위치
구조	조적조(시멘트블록, 시멘트벽돌)
용도	주택, 점포
건축물 정보	건축물 대장상 위반건축물은 아님을 확인할 수 있으나, 대장간 부분에 대한 정확한 면적 등 확인 불가

형제대장간은 서울미래유산 2015-045호로 은평구 수색동 수색역 앞 대로변에 있다. 지방에서 상경한 아버지가 대장간을 만들고, 아들이 대를 이어 운영하는 다른 3곳의 대장간과는 달리 이곳은 서울 모래내(남가좌동) 출신 형제가 대장간을 이끌고 있다는 것이 특징이다. 그뿐만 아니라 가족이 아닌 제자를 양성하여 후계를 도모하고 있다는 점에서도 유의미하다.

형제대장간 개요

서울미래유산 인증번호	2015-045
이름	형제대장간
주소	서울 은평구 수색로 249 (전농동 102-49, 전)
대지면적	82 m^2 (철도부지, 광장)
연면적	건축물대장 없음
대장간 사용면적	약 68.45 m^2 (대장간 약 28.79 m^2, 주택 약 39.66 m^2)
층수	지상 1층
구조	조적조(시멘트벽돌, 시멘트블록 혼합 추정)
용도	근린생활시설, 주택 (대장간 및 주택, 건축물대장 없음)
건축물 정보	철도부지 내 광장에 위치하고 있으며, 수색역 건축물 현황도에서 대장간 건물 확인 불가 및 면적 확인 불가

동광대장간은 서울미래유산 2015-007호로 지정되어 있다. 경상남도 밀양에서 이흔집이 상경해 중구 신당동에서 대장간 일을 배워 1978년에 동대문구 용두동에서 대장간을 창업한 것이 시초다. 이후 개발로 인해 동대문구 제기동으로 이전했다가 1996년부터 동대문구 전농동에 자리를 잡고 15년간 운영하였다. 하지만 재개발로 2021년 3월에 전농동을 떠나 10월에 경기도 남양주시 퇴계원에 새롭게 문을 열었다. 2020년 갑작스럽게 이흔집이 고인이 되어 아들 이일웅이 대를 잇고 있다.

동광대장간 개요

서울미래유산 인증번호	2015-007
이름	동광대장간
주소	서울 동대문구 왕산로 296-1 (전농동 99-1, 97-5)
대지면적	1,251m^2 (99-1번지 979m^2+97-5번지 272 m^2)
연면적	302.07 m^2 + 127.6 m^2 (세차장/부속건축물)
대장간 사용면적	약 83.2 m^2
층수	지상 1층
구조	조적조(시멘트벽돌)
용도	주택, 점포
건축물 정보	1978년 6월 29일 사용 승인 현재 건축물대장상 대장간이 있던 99-1번지 외 97-5번지와 합필되어 확인 가능

대장간은 사면 중 한 면이 별도의 출입문이랄 게 없이 뚫린 개방적인 공간 구조를 하고 있다. 이러한 공간적 특성 때문에 대장간 운영은 자연환경에 많은 영향을 받는다. 대개 오전 7시 반에 문을 열고 해가 떨어질 때까지 운영한다. 해의 길이에 따라 문을 닫는 시간이 유동적이어서 여름에는 오후 8시, 겨울에는 오후 6시까지 영업한다. 정오를 전후해 점심 식사를 한다. 상시 불을 쓰는 일이기 때문에 일 년 중 2월부터 4월까지가 일하기 가장 좋고, 덥고 추운 여름과 겨울이 가장 힘들다.

서울미래유산 지정 대장간 운영시간

대장간	운영시간	점심시간	쉬는 날
동광	7:00 ~ 18:00	11:30 ~ 13:00	연중무휴(일요일은 15시까지 운영)
형제	7:30 ~ 18:00 동절기 7:30 ~ 19:30 하절기	11:30 ~ 13:00	일요일
동명	6:30 ~ 20:00	13:30 ~ 14:30	연중무휴(일요일은 판매만 운영)
불광	8:00 ~ 18:00	12:30 ~ 13:00	일요일(토요일은 15시까지)

3 조사 방향과 조사 과정

서울역사박물관은 도시 박물관으로서 근현대 서울 사람들의 일상과 문화 단면을 충실하게 기록하는 사업을 지속적으로 추진하고 있다. 이러한 조사 사업의 하나로 2020년부터 서울미래유산을 대상으로 하여 오래된 가게, 전통 기술 등을 미시적으로 살펴보는 '서울미래유산기록' 사업을 시작하였다. 미래유산의 역사와 변천, 행위자들의 삶의 면면을 꼼꼼하게 기록하는 작업은 시민들이 함께 공유하고 있는 공통의 기억을 수집·보존해 미래세대에게 전달하는 데에 기여하기 위함이다.

서울미래유산기록 두 번째 주제는 '서울의 대장간'이다. 지금은 바야흐로 정보, 의료, 교육, 서비스 산업 등 지식 집약적 산업을 총칭하는 4차 산업 시대다. 직장인들은 출근하지 않고 인터넷을 이용해 재택근무를 하고, 학생들은 원격수업을 듣는다. 전통적 생산방식에 기초한 농업 분야에까지 발광다이오드(LED)를 이용한 가정용 식물재배기가 등장해 기계에서 신선한 채소를 공급받게 되었다. 이러한 21세기 수도 서울에 대장간이 있다는 사실을 아는 이는 극히 드물다. 하지만 민속촌, 시골 장터에서나 어렵게 볼 수 있을 것 같은 대장간이 서울에도 엄연히 존재하고 있다. 이번 조사를 통해 서울의 대장간을 세밀하게 기록하고, 지방 대장간과 구별되는 특징을 살펴보고자 한다.

서울의 대장간 조사는 크게 문헌 조사와 현장 조사로 나누어 진행하였다. 서울의 대장간 유래와 같은 역사적 사실은 각종 사료와 신문 자료 등 문헌 자료에 기초하였다. 하지만 서울미래유산으로 지정된 4곳의 대장간에 대한 기록은 대개 신문 기사로 중복되거나 단편적인 경우가 많기 때문에 각 대장간의 운영자, 직원, 손님 등을 대상으로 구술조사를 실시하였다. 또 대장간에 직접 방문해 현장조사를 실시함으로써 구체적 자료를 확보하였다. 한편 대장간의 공간 구성과 동선 등을 실측 조사해 도면화하였고, 작업 모습과 생산품, 도구 등을 사진으로 촬영해 시각자료를 남겼다. 그러나 대장간의 사정과 박물관 예산 등의 문제로 제작 방식을 보다 생생하게 기록하기 위한 영상촬영은 실시하지 못하였다.

불광대장간 구술조사

형제대장간 구술조사

불광대장간 사진 기록

2021년 2월에 형제대장간을 시작으로 4곳의 대장간을 방문해 사업을 소개하고, 조사에 착수하였다. 당장 3월에 전농동 동광대장간이 이사를 가야하는 상황이라 우선 동광대장간이 사라지기 전에 실측조사와 사진기록을 서둘러 실시하였다. 3월 15일에 동광대장간 이사가 끝나고서야 본격적으로 조사대상 대장간에 대한 문헌조사와 현장조사를 병행할 수 있었다. 현장조사는 3월부터 10월까지 진행하였다. 하지만 코로나19 상황이 악화돼 방역 최고 단계인 사회적 거리두기 4단계가 오랜 시간 지속된 데다가 동명대장간 강영기가 교통사고로 인해 몇 달간 치료를 받는 등 현장조사에서 난항을 겪었다. 이 때문에 원래 계획한 것보다 현장조사 횟수가 줄었으나 방역수칙을 지키며 주어진 환경에서 최대한 충실하게 기록하고자 노력하였다.

동광대장간(전농동) 3D 스캐닝을 이용한 실측조사

휴게시간 담소를 나누는 형제대장간 사람들

현장조사 경과

연번	조사일시	조사대상	면담자	비고
1	2021. 2. 19.	형제대장간	류상준, 류상남	
2	2021. 2. 24.	불광대장간	박경원, 박상범	
3	2021. 2. 25.	동광대장간	이일웅	
4	2021. 2. 26.	동명대장간	강영기	사진촬영
5	2021. 3. 4.	동광대장간	이일웅	
6	2021. 3. 11.	불광대장간	박경원	
7	2021. 3. 15.	동광대장간	이일웅	동광대장간 이사
8	2021. 3. 16.	형제대장간	류상준, 류상남	
9	2021. 3. 24.	동명대장간	강영기	
10	2021. 3. 25.	불광대장간	박경원	
11	2021. 4. 1.	동광대장간	이일웅	
12	2021. 4. 19.	형제대장간	류상준, 류상남	
13	2021. 5. 6.	동명대장간	강영기, 강단호	
14	2021. 5. 12.	형제대장간	류상남, 박한준	
15	2021. 5. 13.	불광대장간		실측조사 협의
16	2021. 5. 24.	형제대장간	류상남	사진촬영
17	2021. 6. 2.	불광대장간 형제대장간		실측조사 사전 답사
18	2021. 6. 11.	불광대장간 형제대장간	실측조사	
19	2021. 6. 17.	불광대장간	박상범	
20	2021. 6. 30.	불광대장간	박상범	
21	2021. 7. 6.	동명대장간	강단호	
22	2021. 7. 7.	형제대장간	류상남	
23	2021. 9. 2.	대장간마을		사진촬영
24	2021. 9. 3.	불광대장간	박상범	
25	2021. 9. 6.	모래내대장간		사진촬영
26	2021. 9. 9.	불광대장간	박상범	
27	2021. 9. 13.	동광대장간		남양주 이전 사진촬영
28	2021. 9. 15.	동명대장간		사진촬영
29	2021. 9. 28.	형제대장간	류상준, 류상남, 박한준	
30	2021. 10. 2.	동광대장간	이일웅	남양주 개업식
31	2021. 10. 18.	불광대장간	박경원, 박상범	사진촬영
32	2021. 10. 27.	동명대장간	강영기, 강단호	사진촬영

서울의 대장간

PART 02

서울미래유산 대장간

동명, 불광, 형제, 동광

1. 강남 유일의 동명대장간
2. 오직 손으로 만드는 불광대장간
3. 제자를 키워가는 형제대장간
4. 서울을 떠나는 동광대장간

강남 유일의 동명 대장간

대장간
487-3559
30
철물
동명대장간
공구
T.487-3559 HP.
010-5327-3559
AIR SKY

1-1

서울 동쪽에서 제일가는 대장간

동명대장간

동명대장간 창업주 강태봉 | 1991

1대 강태봉

1927년(1세) 강원도 철원군 출생

1937년(11세) 철원에서 대장간 일 시작

1940년대 상경해 강동구 천호동에 동명대장간 창업

1979년(53세) 아들 강영기에게 동명대장간 대물림

2002년(76세) 작고

동명대장간은 강동구 천호동에서 3대째 운영하고 있는 대장간이다. 창업주 강태봉은 11세였던 1937년에 고향인 강원도 철원에서 대장간 일을 시작하였다. 해방 전 상경하여 천호동에 대장간을 차렸다. 동명대장간의 이름은 '서울 동쪽에서 제일가는 대장간'을 꿈꾸며 지은 것이다.[01] 1979년에 아들 강영기에게 대장간을 물려주고, 2002년에 작고하였다.

1950~1960년대 동명대장간 주변은 아무것도 없는 허허벌판이었다. 온통 질퍽한 땅이었기 때문에 장화가 필수였다. 더구나 대장간 뒤편은 공동묘지여서 인적이 드물어 대장간을 하기 좋았다.

✦ 아버지는 고향이 철원이고 대장간 일을 11살부터 하셨어요. 그러다 해방되기 전에 이곳에 자리 잡고 동명대장간을 창업하셨어요. 그 이후 2002년에 작고하셨어요.

강영기(남, 1951년생), 2021. 2. 26. 조사.

✦ 저는 할아버지가 일하시는 걸 본 적은 없어요. 할아버지가 그냥 가게 앞에서 칼 가는 거 봤던 기억이 있었는데 칼 만 갈았지 별로 일하시는 걸 본적이 없어요.

강단호(남, 1980년생), 2021. 7. 6. 조사.

출처: 서울미래유산

01 한겨레, 「3대째 80년을 이어온 대장간의 빛나는 미래」, 2017년 8월 17일자.

1-2

강동구의 명소가 된

동명대장간

동명대장간 2대 강영기

2대 강영기

1951년(1세) 강동구 천호동 동명대장간 옆 살림집에서 출생
1961년(11세) 동명대장간에서 풀무잡이로 일 시작
1979년(29세) 아버지 강태봉에게 동명대장간 대물림(2대)
1982년(32세) 현재의 동명대장간 규모로 확장, 기계식 해머 도입
1994년(44세) 서울 명소 600곳 선정
2006년(56세) 암 투병
2008년(58세) 아들 강단호에게 동명대장간 대물림(3대)

△ 강영기의 작업 모습
▽ 건설 현장에서 사용하는 쇠말뚝

강태봉의 장남인 강영기는 1951년에 동명대장간 옆 살림집에서 8남매 중 장남으로 태어났다. 11살이 되던 해인 1961년부터 아버지를 따라 대장간에서 풀무잡이로 일을 시작하였다. 당시는 송풍기가 보급되지 않아 손으로 풀무질을 하였다. 강영기가 동명대장간에서 풀무잡이를 하는 동안 아버지는 동명대장간의 대장이었고, 그 밑에 메질꾼 둘이서 메질을 하였다.

✦ 저는 8남매 중 위에 누님이 있고, 장남이에요. 1951년도에 태어나서 대장간 옆에 살림집에서 자랐어요. 11살 때부터 대장간 일을 시작했어요. 어린 나이에 일을 시작하다 보니까 초등학교 진학은 포기했어요. 처음에 대장간에 왔을 땐 풀무질부터 배웠어요. 송풍기가 없다 보니까 손으로 풀무질을 했어요. 제가 풀무질을 하면 아버지가 대장을 했고 직원 둘이서 함마질(메질)을 하다가 제가 좀 배우고 나서는 저까지 포함해서 메질꾼이 셋 있었어요.

강영기(남, 1951년생), 2021. 5. 6. 조사.

한때 강영기는 대장간 일이 너무 싫어서 공사 현장에서 일하기도 하고, 목수 일도 해보았다. 하지만 먹고 살기 힘든 시대에 목수와 공사 현장 일은 일이 꾸준하지 않아 쉬지 않고 일을 하기 위해서 대장간으로 다시 돌아왔다. 그 이후 동명대장간의 대장장이가 되어 지금까지 동명대장간을 운영하고 있다.

✦ 그저 손재주가 좋아 이 일을 시작했어요. 처음에는 이 일이 하기 싫어서 목수도 해 보고 막일도 해 보고 그랬어요. 목수는 군대 동기가 안양에서 차려서 하길래 한번 따라가 본적이 있어요. 근데 다른 일들은 쉬는 날이 많아서 돈을 못 버니까 이 일이 제일 나아서 선택했어요.

강영기(남, 1951년생), 2021. 5. 6. 조사.

1970~1980년대 서울 각지에서 건설공사가 진행되면서 동명대장간은 건설 현장에 필요한 공구를 본격적으로 제작하기 시작하였고, 큰돈을 벌게 되었다. 허허벌판이었던 동명대장간 주변에도 건물이 올라가고 천호시장이 생기면서 점차 번화가가 되었다. 강영기는 아버지가 물려준 26㎡(8평)의 대장간을 확장하여 66㎡(20여 평)의 규모로 키웠다. 동명대장간은 그전까지 바로 옆 현재 '영풍가발' 매장을 사용하였지만, 1980년대 현재 자리로 이전하였다. 대장간 공간이 확장되면서 기계식 해머 등 기계를 도입할 수 있었다.

동명대장간(1980년대) | 출처: 서울문화재단

✦ 아버지(강태봉) 때는 옆에 영풍가발집에서 했는데 1980년대 좁아서 이쪽으로 옮겨 왔어요. 그때 기계도 지금 대장간에 들이게 되었어요. 그리고 옆에 철물 보관하는 곳은 세 살고 있는 사람이 나갈 때까지 기다렸다가 나가니까 텄어요.

강영기(남, 1951년생), 2021. 3. 24. 조사.

동명대장간은 1994년에 '서울 정도 600년 기념, 서울 명소 600곳'에 강동구를 대표하는 명소로 선정될 정도로 명성을 얻었다. 과거 동명대장간 일대에는 3곳의 대장간이 더 있었으나 중국산 제품과의 경쟁에서 밀려나 모두 문을 닫았다. 동명대장간은 현재 강남 4구의 유일한 대장간이다.

동명대장간의 현재 모습

동명대장간 외부에 부착된 각종 인증서

서울 명소 600선/585

동명 대장간

강동구 천호동 410-173

서울 명소 600선에 선정된 동명대장간

출처: 서울특별시, 「서울 명소 600선」, 1994, 585쪽.

2000년대 들어 천호동에 철물점이 없다는 점에 착안해 동명대장간은 철물점을 병행해 운영하고 있다. 그 이전에도 철물점에서 취급하는 물품을 대장간에서 판매하였으나, 극히 일부에 불과하였다. 지금의 철물 판매 공간에 있던 가게가 빠지면서 대장간과 공간을 구분해 본격적으로 대장간과 철물점을 이원화할 수 있게 되었다. 현재 동명대장간의 수입은 대장간과 철물점이 7:3 정도의 비율로 대장간이 중심을 잡고 있다.

✦ 원래는 농기구, 건설 공구들을 만들어 팔았는데 농사짓는 사람들도 줄어들고, 농업이 기계화되고 공구들은 값싼 중국산이 밀려오면서 지금은 제값 받기가 힘들어요. 궁여지책으로 철물, 기성 공구까지 판매합니다.

내일신문, 「100년을 이어 갈 대장간, 자랑스러워」, 2010년 10월 30일자.
강영기(남, 1951년생) 인터뷰

동명대장간 철물점

동명대장간 왼쪽 매장에 별도의 철물 진열 공간을 마련하였다.
하지만 관리 편의상 손님이 직접 드나들 수 없도록 출입구를 막아 놓았다.

1-3 대장장이가 된 회사원

동명대장간 3대 강단호

3대 강단호

1980년(1세) 1남 1녀 중 장남으로 출생

1987~1995년(8~16세) 천호동에서 초등학교, 중학교 재학

1999년(20세) 강동구 고덕동 소재 고등학교 졸업

2003년(24세) 군 제대

2007년(28세) 취업

2008년(29세) 퇴사 후 동명대장간 대물림(3대)

2011년(32세) 결혼

강단호는 1980년 1남 1녀 중 장남으로 천호동에서 태어나 학창시절을 보내며 성장하였다. 어린 시절 대장간에 오가며 아버지가 일하는 모습을 보고, 가끔 대장간에 나와 물건 계산과 같은 간단한 일을 돕기도 하였다. 하지만 그의 장래 희망은 대장장이가 아니었다. 아버지가 대장장이라는 게 부끄럽게 느껴지기도 하였다. 고등학교에 진학한 이후에는 아예 대장간에 대한 관심이 없었다.

✦ 저는 천호동에서 나서 학창시절을 모두 천호동에서 보냈어요. 초등학교, 중학교는 모두 천호동에서 나왔고, 고등학교는 고덕동에서 나왔어요. 고등학교는 고덕동으로 나와서 버스 타고 학교를 다녔어요. 강남에 고등학교가 많아도 천호동에 남고는 지금도 없어요. 군대는 2001년에 다녀왔고 2003년에 제대한 이후 학교 졸업하고 2007~2008년에 설비일 하다가 대장간 일을 시작한 이후 2011년에 결혼했어요. 대장간 뒤에 공간에서 살기고 했었고, 그 전에는 여기서 뒤에 떨어진 곳 위에서 살았어요.

강단호(남, 1980년생), 2021. 7. 6. 조사.

✦ 어렸을 때 대장간은 주로 밤에 일이 다 끝나면 왔어요. 낮에는 대장간에서 일하니까 위험한 것도 있고 제가 친구들이랑 놀고 있어서 낮에 대장간에 와 본 기억이 없어요. 그러다 좀 커서는 간간히 대장간에 나와서 아버지 바쁘시면 물건 계산하는 정도로 도와 드렸어요. 예전에는 아버지가 대장장이라는 것이 창피했어요. 옛날에 대장간 같은 일을 삼디(3D) 업종이라 하잖아요. 그래서 이런 일하면 부끄럽겠다고 생각했어요. 이런 생각은 중학교 때까지 그랬던 것 같아요. 그러다가 고등학교 가서는 부끄럽다는 생각은 안 하게 되었어요. 그래도 대장간을 하고 싶다거나 생각 자체는 아예 없었고, 대장간 일에 대해서 무관심했어요.

강단호(남, 1980년생), 2021. 7. 6. 조사.

강단호는 대학을 졸업하고 회사에 취직해 설비 일에 종사하였다. 평범한 회사원이던 강단호가 대장간으로 출근하게 된 까닭은 기울어져 가는 가세와 아버지의 건강 때문이었다. 2006년경 아버지가 폐암 투병에 이어 허리와 손목 수술까지 하면서 동명대장간의 미래가 불투명해졌다. 이에 강단호는 아버지의 반대에도 불구하고 회사에 사표를 낸 뒤 대장간에 무작정 출근하였다. 비록 원치 않았던 일이었지만 대를 이어 온 대장간이 지금에 와서 닫을 수 없다는 생각에 일을 시작하였다. 현재는 일선에서 물러난 아버지를 대신해 동명대장간을 이끌고 있다.

강단호의 정 제작

✦ 대장간 일을 하기 전에 설비 일을 했어요. 주로 건축 설계가 들어가면 배관이나 소방 관련 업무를 맡았어요. 근데 별로 재미없었어요. 그렇다고 대장간이 재미있는 건 아닌데 그 일 보단 재미있죠. 대장간 일은 참여하기 전에 간간이 도와드리기도 했어요. 근데 부모님이 편찮으셨고, 대를 이어 한 대장간인데 닫을 수 없다고 판단해서 하게 되었어요.

강단호(남, 1980년생), 2021. 5. 6. 조사.

✦ 아들이 대장간을 안 한다고 했으면 대장간이 없어졌을 거예요. 3~4년 전에 아들한테 모두 넘겨줬어요. 지금은 아들이 사장이고 저는 대장인데 종업원이에요. 처음에야 해본 적이 없으니 당연히 못했지만 지금은 아들의 기술이 많이 좋아졌어요.

강영기(남, 1951년생), 2021. 5. 6. 조사.

강단호의 기계식 해머 작업

강단호는 대장간에 출근한 이후 여느 대장간 수습생과 같이 대장이자 아버지인 강영기의 움직임을 보고 스스로 기술을 체득하였다. 때때로 강영기는 강단호에게 요령을 설명해 주기도 하고, 직접 해볼 수 있는 기회를 주기도 하였다. 이렇게 강단호는 강영기의 지도를 듣고, 보고, 느끼며 대장간 일을 배우고 있다.

✦ 처음에 아버지한테 기술을 배울 때는 아버지가 하시는 걸 봤어요. 그러다 아버지가 물건을 만들 때 요령을 가르

쳐 주시곤 하셨어요. 말로도 설명하시고 제가 아버지 앞에 서서 보기도 했어요. 아버지도 여느 대장장이들과 같이 해 봐야지 실력이 는다고 말씀하셨어요. 그래서 옆에서 보기도 하고, 말로도 듣고, 해 봐도 제가 두들겨 보고 그랬어요. 처음에는 물건이 잘 나오지 않았는데 망치로 계속 하다 보니 실력이 늘었어요.

강단호(남, 1980년생), 2021. 7. 6. 조사.

강단호의 작업 모습 화로에서 정을 만들기 위해 쇠를 달구고 있다.

100년을 앞둔

1-4 동명대장간의 미래

강영기, 강단호 부자

동명대장간의 가장 큰 과제는 공간이다. 강단호는 철물점을 더욱 확장하고, 체험 공간을 만들 계획을 세우고 있다. 하지만 당장은 공간 확장의 한계와 시공기간 등의 문제로 실행하기 어려운 실정이다. 여기에 더해 활발하게 진행 중인 천호동의 재개발 사업도 동명대장간의 미래를 불투명하게 하고 있다. 현재 동명대장간에서 직선거리 300m 이내에 5곳의 주상복합이 2025년 준공을 목표로 개발되고 있다.[02] 이러한 악재 속에서도 강단호는 동명대장간의 100년 가업을 목표로 오늘도 최선을 다하고 있다. 만약 대장간 주변이 모두 아파트촌이 된다 하더라도 방음, 방진 설비를 최대한 구비하여 현재의 위치를 고수할 예정이다.

✦ 앞으로 계획은 철물점 쪽을 보다 크게 해서 다른 데로 납품해 주는 계획도 있어요. 대장간은 좁아도 되기 때문에 한쪽으로 밀어서 체험하는 공간을 만들어 보려고 했는데 (주변 상황이) 현실에 맞지 않아요. 지금도 대장간과 철물점이 어느 정도 구분되어 있지만 거의 막 섞여 있어서 힘들죠. 대장간이랑 철물점을 구분하려고 구상해 보기도 했지만 일단 기계 옮기는 데만 6개월이 걸려요. 기계의 모루를 땅 밑으로 2~3m 아래에 콘크리트를 부어서 박는데 콘크리트가 자리 잡는 동안만 6개월이라 엄두가 안 나요.

일단 궁극적으로 제 목표는 100년이 될 때까지 이 대장간을 유지하는 게 제 목표예요. 그 이후는 어떻게 될지 몰라요. 대장간이 설 자리가 점점 힘들어질 텐데 일단 대장간을 운영하기 힘들어진다 해도 대장간을 옮길 계획은 없어요. 차라리 소리가 안 나게끔 최대한 방음 시설을 구비하는 쪽으로 생각해 보려고요. 공장을 다른 곳으로 옮기면 거기서 만들어서 여기로 보내야 하고 물건도 여기서 받아서 공장으로 보내야 하는데 현실적으로 불가해요.

강단호(남, 1980년생), 2021. 7. 6. 조사.

02 시장경제, 「중흥의 서울 도전, '강동 S-클래스 밀레니얼' 흥행에 달렸다」, 2020년 7월 24일자.; 연합뉴스, 「서울 천호동에 최고 38층 주상복합...관리처분계획 인가」, 2019년 8월 12일자.; 이투뉴스, 「천호대로변 초역세권 자리한 '강동역 마크원'개발 호재로 주」, 2021년 7월 17일자.; 파이낸셜뉴스, 「2만 여 세대를 품은 더블 역세권 상업시설, '이안 강동 컴홈스테이 상가' 7월 준공 임박!! 앞다퉈 투자자 몰려...」, 2021년 7월 20일자.

이러한 강단호의 계획은 건설업에서부터 개인에 이르기까지 대장간에 대한 수요가 꾸준히 존재한다는 자신감에서 나온다. 현재 시장에는 중국산 제품이 난립해 있지만, 손에 잘 맞는 양질의 공구에 대한 수요는 꾸준하다. 큰 공사의 경우 돌을 다듬거나 쪼갤 때 쓰는 정을 많게는 300~400개씩 대량 주문한다. 이 외에도 인테리어 용품, 캠핑 용품, 농기구 수요도 지속적으로 있다. 그렇기에 강단호는 대장간 일이 날이 갈수록 직업으로서 인정받을 만한 가치가 있다고 평가하며 동명대장간의 100년을 준비하고 있다.

✦ 판로 확보는 딱히 고민되지 않아요. 이제까지 꾸준하게 물건이 나갔고, 쇠가 만들어 놓는다고 썩는 것도 아니니 공간만 마련된다면 걱정 없어요. 판로가 정 힘들면 물건 만들어서 차에 싣고 전국을 돌아다니면서 팔아도 되죠.

강단호(남, 1980년생), 2021. 7. 6. 조사.

✦ 제가 볼 때 이 일은 없어질 수 없는 일이라 생각해요. 건설 경기에 영향을 받는다고는 하지만 최근엔 새롭게 인테리어 쪽에서 수요가 생기고 있죠. 수요는 있는데 젊은이들이 이 일을 기피하면서 희소성을 더 인정받을 겁니다. 전 비전 있는 일이라고 생각해요.

한겨레, 「3대째 80년을 이어온 대장간의 빛나는 미래」, 2017년 8월 17일자. 강단호(남, 1980년생) 인터뷰

동명대장간 외부에 진열된 각종 연장

PART 02 서울미래유산 대장간

오직 손으로 만드는

불광 대장간

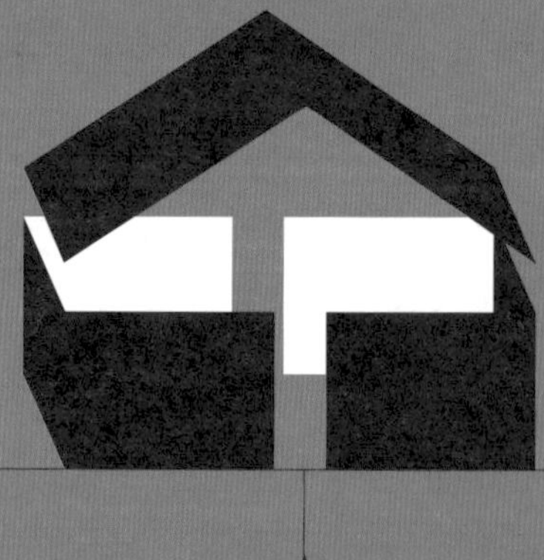

2-1

피난길에 맺은

대장간과의 인연

불광대장간 창업주 박경원

1대 박경원

- 1938년(1세) 강원도 철원군 철원읍 천황리에서 3형제 중 둘째로 출생
- 1951년(14세) 6·25전쟁 발발로 피난
- 1952년(15세) 경기도 용인 신갈초등학교 재학 중 대장간에서 심부름꾼
- 1954년(17세) 상경해 성북구 돈암동 대장간 취직
- 1956년(19세) 성북구 미아리 대장간으로 이직
- 1959년(22세) 중구 을지로7가 제일철공소 이직
- 1961년(24세) 중구 을지로7가 대성공작소 이직
- 1965년(28세) 은평구 불광동에서 이동식 대장간 운영
- 1973년(36세) 서부시외버스터미널 앞에 불광대장간 창업
- 1978년(41세) 은평구 대조동으로 불광대장간 이전

박경원은 1938년에 강원도 철원에서 3형제 중 둘째로 출생하였다. 철원에서 유년기를 보낸 박경원과 일가친척들은 6·25전쟁이 발발하자 1951년에 피난을 떠났다. 박경원의 가족은 포천에 소재한 3.8선 휴게소, 서울 광나루를 거쳐 경기도 용인시 신갈동까지 피난을 내려왔다. 통일 이후 다시 고향으로 돌아갈 생각에 부산으로 가지 않고 신갈에서 조금 떨어진 오금리에 자리를 잡았다.

국수를 얻어먹기 위해 시작한 심부름꾼

✦ 내 나이가 12살~13살 때인 1951년도 봄에 피난을 나왔어요. 그때 작은아버지 식구랑 8촌 큰 아버지네, 우리 어머니와 삼 형제가 피난 나왔어요. 당시 철원에 있을 때 미군이 큰 차를 가져와서 전부 타라고 했어요. 하루만 지나면 전쟁이 끝난다고 나가 있으라 해서 차에 탔어요. 그래서 내려 보니 지금 3.8선 휴게소에 있는 수용소였어요. 여기서 일주일 있다 보니 또 미국 트럭 7~8대가 들어와서 다 타라 그랬어요. 깜깜한 밤에 아이와 부모들이 서로 찾는 난리 속에서 차를 타고 밤새도록 남쪽으로 내려왔어요. 도착해 보니 저는 어릴 때라 몰랐는데 어른들이 말하길 여기가 서울이라 그러더군요. 아침 해가 떠서 주변을 보니 광나루 다리 아래 백사장이었어요. 여기서 일주일 정도 있었는데 다시 또 남쪽으로 내려가라 해서 신갈에 있던 수용소로 이동했어요. 여기서 일주일 정도 있으니까 또 부산으로 내려가라 했어요. 근데 어머니께서 우리의 고향은 철원이고 통일되면 다시 집으로 가야 하니 여기에 정착하자 하셔서 더는 내려가지 말자고 하셨어요. 그래서 큰 집 8촌은 신갈에 자리 잡고 작은아버지와 우리 가족은 신갈에서 조금 떨어진 오금리에 자리 잡았어요.

박경원(남, 1938년생), 2021. 3. 11. 조사.

박경원은 피난 나와 신갈에 소재한 초등학교에 다니면서 대장간을 처음 접하였다. 통학길에 있던 대장간에서 심부름을 하고 국수로 끼니를 때웠다. 신갈에서 대장간 심부름꾼으로 일한 경험은 이후 박경원이 본격적으로 대장간 일을 하게 되는 계기가 되었다.

✦ 6·25 때 피난 나가서 신갈에서 초등학교를 배웠는데 학교가 2시면 끝났어요. 학교 끝나고 집 가는 길 옆에 대장간이 하나 있었는데 구경하고 있으니까 그냥 심부름을 시키더라고요. 당시 그 대장간에서 왜낫을 400개씩 만들어내는데 그 옆에서 심부름하니 국수를 말아주니까 심부름꾼을 하게 되었어요. 신갈에서의 경험으로 나중에 철원이 수복돼서 돌아간 뒤에 돈암동 대장간으로 다시 가게 된 것 같아요.

박경원(남, 1938년생), 2021. 3. 25. 조사.

신갈 주변 피난지에서 1년 반가량 정착한 박경원 일가는 1953년 철원이 수복된다는 소식을 듣고 다시 고향으로 돌아갔다. 박경원은 전후 생활고 때문에 중학교 진학을 포기하고 집에서 농사일을 거들었다. 농사로 생계를 유지하였던 박경원과 형제들은 열 마지기의 땅으로 식구들을 건사할 수 없었기에 누군가 기술을 배워야 하는 상황이었다. 그때 박경원은 서울 성북구 돈암동 대장간에서 일하고 있던 친구에게서 일손이 필요하다는 소식을 듣고 홀몸으로 상경하였다. 당시 박경원이 구태여 대장간 일을 택한 것은 농한기가 있는 농사와 달리 대장간 일은 1년 내내 벌이를 유지할 수 있기 때문이었다.

✦ 철원이 수복된다고 해서 조금씩 들어갔어요. (철원) 장흥리에서 (철원) 이평리로 들어가고 또 조금씩 들어가서 저는 초등학교 여섯 군데를 거쳤어요. 이제 철원읍으로 들어왔는데 학교를 늦게 들어가서 초등학교 5학년이 되니 중학교 갈 나이가 되어서 선생님이 중학교에 바로 가라 그러니 중학교에 입학했어요. 당시는 철원중학교가 없어서 20리 떨어진 춘천에 있는 관일중학교에 시험을 쳐서 합격했어요. 군정 때는 군인들

이 가르쳐 줘서 월사금(수업료)이 필요없었는데 민간인 선생들이 오니 월급 줄 돈이 없어서 월사금을 내라더군요. 중학교 2학년에 올라갈 때 월사금 낼 돈이 없어서 학업을 포기했어요. 그렇게 저는 집에 열 마지기 있는 농지에서 모내기하면서 농사일을 거들었어요.

그해 벼를 40가마했어요. 방아 찧으니 20가마가 나왔어요. 형제들이랑 실컷 먹고도 남을 양이었는데 열 마지기 땅으로 삼형제가 장가가서 살기에는 부족하니 누군가 기술을 배워서 희생해야 했어요. 그때 마침 돈암동 대장간에 취업한 김정훈이라는 친구가 철원에 있는 친구한테 풀무잡이하라고 연락이 왔어요. 그 친구가 저 보고 한번 가보라 해서 홀몸으로 돈암동으로 떠나게 되었어요.

박경원(남, 1938년생), 2021. 3. 11. 조사.

전후 복구 사업과 돈암동, 미아리 대장간

박경원은 1954년 17세 되던 해에 '밥만 먹여준다'는 주인의 말에 상경해 풀무잡이로 일을 시작하였다. 성북구 돈암동에 있던 대장간은 일본에서 대장간 일을 배운 김완동이 강원도 철원에서 가장 큰 대장간을 운영하다가 6·25전쟁 이후 상경해 차린 곳이었다. 위치는 미아리고개 아래 삼거리였고, 지금의 불광대장간 보다 3~4배 큰 규모였다. 돈암동 대장간은 탁상 드릴, 연마기 등을 갖추고 있었다. 대장간 뒤에 있는 방 2개를 직원들의 숙소로 사용하였다. 돈암동 대장간에는 풀무잡이 1명, 대장 기술자 1명, 메질꾼 2명으로 총 4명의 직원이 있었다.

처음 대장간 일을 시작한 박경원은 풀무잡이로 1년간 근무한 후 메질꾼으로 1년간 근무하였다. 하지만 당시의 대장간은 선배 기술자들이 퇴직해야 더 나은 직책을 맡고 배울 수 있는 기술습득 구조를 하고 있었다. 박경원은 돈암동 대장간에서 고급 기술을 익힐 수 없다는 판단으로 1956년 19세가 되던 해에 이직을 결심하였다.

젊은 시절의 박경원

✦ 돈암동 대장간은 당시 치고는 설비가 괜찮았어요. 그곳이 조병옥씨 댁 가는 삼거리에 있었는데 화덕은 하나고 구멍 뚫는 보루방(탁상 드릴), 그라인더(연마기) 이런 게 있었어요. 돈암동에서 일할 때는 풀무잡이 하나, 대장 기술자 하나, 메질꾼 둘, 대장간 사장 해서 5명 있었어요. 풀무를 한 1년 정도 하니까 주인이 소질이 있다며 메질을 한번 해보라 했어요. 메질꾼으로 일할 때 내 위에 메질꾼, 집게잡이가 있었어요. 위에 메질꾼은 돈암동 종점 밑에 창살이랑 대문 만드는 곳으로 나갔고, 집게잡이 마이크가 나가면 기술을 배울 수 있는데 나가질 않으니 기술을 못 배우는 거예요. 그래서 사장한테 말하고 나왔어요.

박경원(남, 1938년생), 2021. 3. 11., 2021. 3. 25. 조사.

박경원이 돈암동 대장간에서 나와 향한 곳은 미아리 대장간이었다. 미아리 대장간은 성북구 돈암동에서 길음동으로 넘어가는 미아리고개 꼭대기에 있었다. 이곳에서 박경원은 대장간에서 가장 핵심인 집게잡이 기술을 익혔다. 돈암동 대장간과 마찬가지로 이직 초기에는 숙식을 해결해 주는 대가로 별도의 급여는 없었다. 대장간에서 일한 지 3년 되었을 때 하루에 500원의 일당을 받았다. 간혹 큰일이 들어오면 미아리 대장간 주인이 직접 집게를 잡긴 했지만 박경원이 집게잡이로 근무하며 주축이 되고, 그 밑에 메질꾼 하나가 있었다.

✦ (미아리 대장간에서) 그렇게 일하다가 3년째 되면서 500원을 줬어요. 당시 자유당 시절인데 밥 한 그릇에 50원 할 때였어요. 그걸 모았다가 이제 신발도 사 신고 머리고 깎고 그랬어요. 이제 1년 지나면 천 원을 주면서 조금씩 급여가 올라

가요. 그러다 어느 정도 기술을 배웠는데 더 안 올려 줄 것 같으면 이직을 했어요.

박경원(남, 1938년생), 2021. 6. 11. 조사.

✦ 미아리에서는 내가 대장 기술자였고, 그 밑에 메질꾼 하나, 대장간 사장해서 3명이 있었어요. 그러다 큰일 들어오면 주인이 집게 잡아주고 그랬어요.

박경원(남, 1938년생), 2021. 3. 25. 조사.

박경원이 돈암동과 미아리 대장간에서 근무할 당시 서울은 6·25전쟁 복구 사업이 한창이었다. 대장간에서는 집을 수리하는 데에 쓰이는 연장, 공사에 쓰이는 괭이, 쇠스랑 같은 것을 주로 만들었다. 쇠는 폐선로를 쓰거나 고물상을 통해 구하는 것이 보편적이었다. 간혹 일본 사람이 지었던 집을 철거할 때 시멘트 안에 들어 있던 폐철근을 구입해 물건을 만들기도 하였다.

✦ 돈암동에서는 17살부터 19살까지 일했고, 미아리에서는 19살부터 22살까지 배우다가 22살에 을지로7가를 갔어요. 당시는 6·25전쟁 이후라 집을 새로 지으니까 서까래 긁어내는 도구, 서까래에 니스 칠하는 연장을 만들었고, 주변에 공사를 많이 해서 괭이·쇠스랑 같은 것을 만들었어요. 자재는 옛날에 기찻길이 오래되어서 선로를 바꾸면 그 창고에서 일하는 사람들이 폐선로를 팔아서 그걸로 물건을 만들었어요. 아니면 일본 사람들이 지은 집에는 철근이 있어서 철근 같은 거 사서 만들고 그랬어요. 자재는 그렇게 비싸지 않았어요. 한 리어카를 가져와도 고기 한 덩어리 못 사 먹을 정도였어요.

박경원(남, 1938년생), 2021. 3. 25. 조사.

일류 기술자로 거듭난 을지로7가 철공소 경험

박경원이 22세가 되던 1959년이었다. 추석에 고향을 다녀오니 미아리 대장간에서 사장의 조카가 일하고 있었다. 이에 그는 미아리 대장간에서 미래가 불투명하다고 판단해 을지로 대장간으로 이직하였다. 박경원은 이직을 위해 을지로7가에 있는 대장간을 서성이다 제일철공소에 취직하였다. 하지만 이미 제일철공소에서 일하는 사람들이 전부 기술자였기 때문에 막내인 그는 5년의 경력에도 불구하고 다시 풀무잡이부터 일을 시작할 수밖에 없었다.

✦ 대장간을 옮기려고 하루, 이틀, 사흘째 을지로7가 대장간을 구경했어요. 그랬더니 제일철공소 사장 최만수가 일하고 싶냐 물어서 제가 미아리고개에서 일하는데 대장간 일을 배우고 싶다고 시켜달라고 말했어요. 최만수가 일 해보라 그래서 다음날 제일철공소로 출근했어요. 근데 전부 내 위로 사람이 있고 내가 막내라서 풀무질만 세 달을 했어요.

박경원(남, 1938년생), 2021. 2. 24., 2021. 3. 11. 조사.

이후 선배 기술자가 다른 지역으로 이직하면서 비로소 메질꾼이 되었다. 또 기존 집게잡이가 군대에 가면서 박경원은 집게잡이로 한 단계 도약할 수 있는 기회를 맞이하였다. 그는 제일철공소 집게잡이가 되어 후배 기술자 2명과 함께 작업하였다. 박경원은 제일철공소에서 집게잡이로 일하는 기간 동안 을지로 대장간에 속한 대장장이들에게 곡괭이 만드는 것과 같은 다양한 기술을 배울 수 있었다. 그리고 마침내 을지로 대장장이들로부터 인정받아 대장간 최고 기술자인 '대장'의 반열에 오르게 되었다. 당시 기술자의 덕목은 일을 폭넓게 소화하고, 제작 도구를 빨리 구상하여 튼튼하게 만드는 것이었다.

✦ 대장간의 기술자는 모든 일을 다 소화시키고 남보다 머리도 빠릿하게 돌아가는 사람이 일류 기술자예요. 옛날에

전기 공사할 때 쓰는 후크(쇠고리, hook)라는 도구를 만들러 와요. 근데 이게 힘을 강하게 받고, 만드는 것이 까다로워서 만들기 힘들었어요. 근데 을지로에서 그걸 나만 만들 수 있었어요.

제가 을지로 대장간에서 22~23살 때 50~60세 된 사람들이 스승으로 있었어요. 한 사람은 박용만 씨, 김용원씨, 인천 사람 그렇게 있었는데 이 사람들한테 곡괭이 만드는 법을 배우고 그랬어요. 한 1년을 하니까 주변에서 인정을 해 줬어요.

원래 대장들은 대장끼리 밥 먹고, 술 먹고 하는데 어느 날 술이랑 안주를 해 놓고 저를 불러서 박 대장 여기서 먹어 하더라고요. 그때부터 인정을 받아 일을 배웠어요.

박경원(남, 1938년생), 2021. 6. 11. 조사.

을지로에 소재한 제일철공소에서 메질꾼으로 일할 때는 당시 백반 한 상이 100원이었는데 일당으로 5천 원을 받았다. 돈암동과 미아리 대장간에서의 경력이 인정되었기 때문이었다. 집게를 잡게 되면서 그의 일당은 만 원으로 올랐다. 제일철공소는 대장간 다락을 직원들의 숙소 공간으로 활용하였다. 당시 을지로에서 기계식 해머를 구비한 곳은 제일철공소뿐이었다.

✦ 과거 을지로 제일대장간에 있을 때 기계가 있었어요. 당시 기계가 귀해서 제일대장간에만 있었어요. 근데 주인이 기계를 쓰지 못하게 했어요. 기계가 귀하다고 쓰면 망가진다고 못 쓰게 했어요. 그래서 주인 없을 때 기계 쓰고, 이거 어떻게 만들었냐 하면 손으로 만들었다고 거짓말 치고 그랬어요.

박경원(남, 1938년생), 2021. 6. 11. 조사.

을지로7가 대장간에서는 돈암동, 미아리 대장간과 다르게 대형 공구를 만들었다. 고물상에서 자재를 받아 7~8kg 되는 망치나, 쇠를 자르는 해시기리, 철근을 자르는 우와기리(上切り, うえきり), 시다기리(下切り, したきり)와 같은 공구와 주택 난간에 놓는 쇠창살 등을 주로 만들었다.

박경원이 제일철공소에서 일한 지 3년 차 되었을 때, 제일철공소 아래에 대성공작소라는 대장간이 새롭게 문을 열 준비를 하고 있었다. 박경원은 대성공작소에서 더 많은 급여를 준다는 제안에 1961년 24세가 되던 해에 이직하였다. 박경원은 집게잡이로서 대성공작소의 창업을 도왔다. 대성공작소에서 일당으로 처음에는 15,000원, 1년 뒤에 2만 원, 3년 뒤에 3만 원을 받았다. 대성공작소에서도 대장간 다락에서 숙식을 해결하였다.

집게를 잡고 있는 박경원

✦ 이승만 대통령 밑에서 경호실장 하던 사람이 대통령이 하야 되니까 실직을 했어요. 이 사람 집이 을지로7가 대장간 옆에 있었는데 실직해서 대장간(대성공작소)을 차리고 처남이 대장간을 했어요. 처남이 대장간을 봐달라고 부탁해서 (제일철공소)사장한테 공장장이 되어서 나가야 될 것 같다고 말했는데 가라고 하더라고요. 그래서 인사드리고 모루, 그라인더(연마기), 화덕 다 내가 만들었어요. 화덕은 안쪽으로 됐고 대장장이는 바깥쪽을 볼 수 있도록 되어 있었어요. 그리고 메질꾼은 바깥쪽을 등지고 일하도록 되어 있었어요.

박경원(남, 1938년생), 2021. 6. 11. 조사.

✦ 대성공작소에서 제일철공소 보다 (돈을) 더 줘서 만 오천 원 받았어요. 대성공작소로 옮겨서 3년 동안 일했는데 처음 1년 지나니까 2만 원, 또 1년 지나니 3만 원을 받았어요. 당시 구두 한 켤레가 7천 원 이었으니 제법 받은 거예요.

박경원(남, 1938년생), 2021. 3. 11. 조사.

손수레에서 시작한 불광대장간

박경원은 대성공작소에서 일하던 시절 부인을 만나 가정을 꾸렸다. 대성공작소 사장의 도움으로 성동구 금호동에 집을 얻어 신혼살림을 시작하였다. 가장이 된 박경원은 일급으로 지급되는 대장간의 급여로는 가족을 건사하기 어려웠다. 돈을 더 벌기 위해 대장간을 직접 운영하기로 마음먹었다. 하지만 자본금이 없어 당장 계획을 실현할 수는 없었다. 그러던 중 철원에서 대장간을 운영하던 사람이 을지로7가에 대동공업소를 차렸다. 박경원은 대동공업소에서 1년 동안 일하고 주인에게 50만 원을 빌려 1960년 중반에 친구와 함께 손수레로 이동식 대장간을 만들었다.

✦ 결혼해서 가정 차리려면 돈이 더 필요하니까 대성공작소에 50만 원 선불 달라 하고 금호동 금호극장 뒷편에 집을 사글세로 얻었는데 5만 원에 5천 원 이었어요. 방 얻고 남은 돈으로 이불 사고 그릇 사서 살림을 차렸어요. 살림을 차렸는데 집이 없으니까 리어카 하나 밖에 안됐어요.

박경원(남, 1938년생), 2021. 6. 11. 조사.

고무 통, 페인트 통 등을 받침으로 사용한 불광대장간의 연장

굴레방다리(현 아현역) 아래서 손수레로 만든 대장간을 보고 박경원은 적은 자본금으로 시작할 수 있는 이동식 대장간을 차리기로 하였다. 연고는 없었지만, 1965년에 지인의 추천으로 은평구 불광동에서 대장간을 시작하였다.

그는 손수레를 끌고 불광동과 서대문구 홍은동 일대를 이동하며 대장간 일을 해 나갔다. 비록 손수레에 꾸민 간이 대장간이었지만, 곡괭이를 벼리는 것부터 안 되는 것이 없었다. 손수레 대장간에는 화덕과 탁상 드릴, 모루, 풀무가 갖춰져 있었다. 화덕은 나무로 된 사과 궤짝에 진흙을 발라서 모양을 갖추고 바람구멍을 만들었다. 풀무는 수동식 손풀무였다. 이따금 손님이 오면 손수레 위에 있는 화덕, 탁상 드릴, 모루 등을 바닥에 내려서 작업하였다. 일이 끝나면 손수레와 장비는 인근에 있는 손수레 보관소에 보관하였다. 하지만 이동식 대장간은 날씨의 영향을 많이 받아 작업에 제한이 많았다. 결국, 박경원은 동업하던 친구와 헤어지고 다시 대동공작소로 돌아왔다.

✦ 1965년쯤에 리어카로 대장간을 시작할 때는 아현시장 밑 리어카 대장간을 보고 시작했어요. 굴레방다리 밑에서 칼도 벼리고 하는데 나라고 못할 것이 있나 해서 '나도 해봐야겠다.'는 생각을 가졌어요. 을지로 대장간에 내 밑에서 일하는 친구가 있었는데 그 친구의 삼촌이 불광동에 대장간이 잘될 것 같다고 해서 여기로 왔어요.

리어카 대장간으로 곡괭이도 벼리고 못하는 게 없었는데 물건만 리어카에 놓고 손님이 오면 화덕이랑 모루 다 바닥에 놓고 일을 했어요. 화덕은 사과 궤짝에다가 진흙을 바르고 바람구멍을 만들었어요. 풀무는 다 손으로 하는 걸 했어요. 그러다 장사 끝나면 리어카 보관소에 리어카 넣어 놓고 퇴근했어요. 연고 없이 친구 소개로 불광동에 왔기 때문에 홍은동에 사글세 얻어서 홍은동에서 하다가 불광동으로 넘어와 하다가 며칠을 돌아다니며 했어요. 돌아다니며 딱히 소리 낸 건 없지만 골목에서 쇳소리 '땅땅땅' 때리면 사람들이 대장간 왔나 하고 다 나왔어요.

박경원(남, 1938년생), 2021. 6. 11. 조사.

✦ 돈이 없으니 대성공작소 주인한테 50만 원만 빌려달라고 했어요. 그 50만 원으로 리어카 사고 장사를 했어요. 리어카 대장간은 장마 오거나 추우면 못하지, 몸 아프면 못하니까 친구 보고 홍은동 학교에서 하라고 하고 저는 다시 대동공작소로 들어왔어요.

박경원(남, 1938년생), 2021. 3. 11. 조사.

대동공작소로 돌아온 박경원은 돈을 모아 자본금 60만 원으로 다시 불광초등학교 개천 옆에 이동식 대장간을 차렸다. 주변에 건설 현장이 있어 당시 쌀 한 가마가 3만 원이었는데 하루에 7~8만 원의 매출을 올릴 수 있었다. 이것이 불광대장간의 시초이다. 당시 장사는 잘되었지만 3년 정도 장사했을 무렵 불광초등학교 옆 개천에 무허가 판자촌을 철거하면서 다시 자리를 옮길 수밖에 없었다.[03]

03 조선일보, 「판잣집撤去(철거) 來年(내년)봄으로」, 1965년 11월 27일자

✦ 대동공작소에서 3개월 정도 일을 했어요. 그렇게 60만 원 모아서 불광동 불광초등학교 개천 옆에 대장간을 리어카 놓고 또 했어요. 그때 주변에 뭘 지어가지고 아침부터 7~8명이 정을 벼리려고 기다고 있을 정도로 장사가 잘 됐어요. 당시 쌀 한 가마가 3만 원 할 때인데 하루 벌면 7~8만 원 벌었어요. 이때부터 돈이 벌리기 시작해서 1년 동안 돈을 모아서 홍은동에 산꼭대기에 방 2개, 마루, 부엌이 있는 집을 지어서 살았어요.

박경원(남, 1938년생), 2021. 3. 11. 조사.

불광대장간의 공간 이동

서부시외버스터미널 앞에서 대조동으로 이전

불광천 일대 정비로 불광대장간은 문을 닫았다. 여기에 더해 살고 있던 홍은동 집도 헐려 박경원은 경기도 성남시에 23㎡(7평)의 대지를 불하 받았다. 그는 불하 받은 땅에 대장간을 차리려고 방문해 봤지만 이미 대장간 2곳이 있어 여의치 않았다. 박경원은 불하 받은 땅을 팔고 돈을 모아 자본금 140만 원으로 1973년 서부시외버스터미널(불광터미널)[04] 앞에 대장간을 차리고 거주지를 마련하였다. 당시 대장간의 보증금은 5만 원, 월세는 5천 원이었다.

작은 판잣집이었지만 지금 보다 대장간의 전면 공간이 넓었고, 직원 2명을 두었다. 당시에도 기계 없이 모두 수작업으로 물건을 만들었다. 서부시외버스터미널은 도심에서 파주, 의정부, 양주 등 경기 북부로 시민들을 운송하는 주요 거점이었다. 그렇기에 터미널 인근은 항상 사람들로 붐볐다. 더욱이 당시 주변 지역에 공사가 많아서 연장을 만들어 놓으면 삽시간에 동이 날 정도로 장사가 잘 되었다. 그러나 얼마 지나지 않아 건물주의 요구로 가게를 다시 옮기게 되었다. 건물주는 터미널이 위치한 번화가에 대장간을 없애고 건물을 새로 올려 높은 수익을 내고자 하였다.

✦ 불광터미널(서부시외버스터미널) 앞으로 옮겼어요. 여기도 작고 하꼬방(판잣집)으로 되어 있었어요. 이 당시는 공사가 많아서 물건을 해놓으면 서로 집어가니 장사가 잘 되었어요.

박경원(남, 1938년생), 2021. 3. 11. 조사.

✦ 당시 서부시외버스터미널 앞은 의정부, 파주, 적성, 송추 가는 사람들이 모두 거쳐가는 곳이다 보니까 굉장히 번화가였어요. 주말이면 터미널 주변 가게가 사람들로 가득 찼어요. 사람이 많이 이동하다 보니까 저희 대장간도 장사가 잘 되었어요. 제가 기억하는 불광대장간은 불광시외버스터미널 그 앞쪽에 있던 대장간이에요. 지금은 터미널이 없어졌고, 청년

04 1971년에 건립되었으며 과거에는 문산, 일산, 적성, 의정부 등 11개의 직행, 완행 시외버스 노선이 운영되었다. 1980년대 말까지만 해도 하루 1만 여명이 이용하는 규모가 큰 터미널이었으나, 1990년대 초반 일산신도시가 개발되고 일산선 개통으로 수도권 지하철이 일산까지 연결되자 이용객이 급감하여 2002년에는 이용객이 하루 1천 명 수준으로 급감하였다. 또한 서울 시내버스가 경기도 외곽지역까지 연장 운행을 하게 되면서 2002년 당시 기준으로 문산까지 요금이 시외버스는 3000~4000원 수준이었지만 서울 좌석버스를 이용할 경우 1200원에 불과하여 가격 경쟁력에도 밀려 더욱 이용객이 감소하는 원인이 되었다. 결국 기존 운행 노선이 시내버스로 전환되어 더 이상 시외버스 노선이 운행하지 않게 되었다. 오히려 파주시나 고양시로 운행하는 시내버스의 차고지 및 환승센터 정도의 역할로 전락하였다. 주로 고양시,

주택 짓는 곳 앞에 대장간이 있었어요. 터미널 앞 대장간은 어렸을 때 아버지 따라가면 맛있는 것도 사주시니까 자주 갔었어요. 가서 아버지랑 동네 형들이 불 가지고 일하는 게 너무 신기해서 가서 보고 있고 그랬어요. 구조는 여기랑 크게 다르지 않았어요. 당시 직원이 둘, 아버지까지 포함하면 남자가 셋 정도 일했던 것으로 보아 대장간과 그 앞에 공간이 지금 보다는 넓었던 것 같아요. 당시도 기계는 없었고, 모두 손으로 하셨어요.

박상범(남, 1969년생), 2021. 6. 17. 조사.

구도로와 신작로 사이에 자리한 불광대장간

1978년에 서부시외버스터미널 앞에 있던 대장간 부지의 개발에 밀려 자리 잡은 곳이 현재의 은평구 대조동 불광대장간이다. 당시 규정상 큰길가에서는 대장간을 차릴 수 없었다. 그래서 비교적 구석진 곳에 자리를 마련하였다. 대조동에 처음 자리를 잡을 당시 대장간 뒤편에만 도로가 있고, 지금 대장간 앞 도로는 없었다. 불광대장간이 대조동에서 새롭게 자리를 잡을 수 있었던 것은 불광동에 있을 때부터 단골과 꾸준히 인연을 이어왔기 때문이었다.

✦ 불광터미널에서 넘어올 때 큰 길에는 대장간 일을 못하게 하더라고요. 1978년도에 전화국 자리 밑에 있었는데 지금 자리로 들어왔어요. 주변에는 원래 건물들이 별로 없었어요. 길도 뒷길이 구길이었고 앞 대로는 새로 만들었어요.

박경원(남, 1938년생), 2021. 6. 11. 조사.

✦ 당시만 해도 자리를 옮기면 핸드폰도 없고, 전화도 없어서 손님들이 끊길까 봐 아버지가 걱정을 많이 하셨대요. 근데 손님들이 알음알음해서 찾아오고 심한 경우는 이사한 지 5년이 지나도 찾아와서 여기로 대장간을 옮긴 이후에도 유지를 할 수 있었어요.

박상범(남, 1969년생), 2021. 6. 17. 조사.

양주시 장흥면(송추), 의정부시, 광탄면, 적성면, 법원읍, 문산읍, 파주시 등으로 향하는 고양시, 파주시 면허 시내버스가 출발하였다. 2015년 10월 13일 서울서부경찰서가 이 터미널 건물을 리모델링하여 2019년 11월 신청사 준공 때까지 임시청사로 사용하였다.
한겨레, 「쇠락하는 시외버스터미널」, 2002년 10월 20일자. 내 손안에 서울, 「두 바퀴로 떠나는 서울여행 (35) 서울 도심 속, 시간이 멈춘 듯한 '서부 버스터미널'」, 2015년 3월 16일자.

아버지의 권유로 시작한

2-2 대장장이의 길

불광대장간 2대 박상범

2대 박상범

1969년(1세) 서대문구 홍은동 출생
1976년(8세) 은평구 녹번동으로 이사
1980년(12세) 은평구 불광동으로 이사
1988년(20세) 용산구 소재 국군기무사령부 입대
1991년(23세) 불광대장간 참여

박상범은 1969년도에 서대문구 홍은동에서 태어났다. 불광대장간이 대조동에 자리 잡기까지 여러 번 이동을 거친 만큼 그의 어린 시절도 대장간을 근거로 홍은동, 녹번동, 불광동, 대조동으로 옮겨왔다. 대장장이에 대한 사회적 통념과 달리 불광대장간의 성업으로 박상범은 유복한 유년기를 보냈다. 하지만 대장간을 운영하면서 다치고, 힘들어 하는 아버지의 모습을 보고 대장장이가 되고 싶다는 생각은 하지 않았다. 아버지가 자리를 비울 때면 잠깐씩 대장간에 나와 가게를 봐주었다.

✦ 저는 1969년도 홍은동에서 태어났어요. 여기서 8년 정도 살았는데 너무 좋았어요. 지금으로 치면 홍은2동에 위치한 곳으로 녹번동에서 보면 북쪽에 위치한 산이었어요. 여기서 지내면서 도시와 다르게 산이 있으니까 친구들과 함께 열매나 딸기도 따서 놀고, 방아깨비, 잠자리 잡고 그러니까 너무 좋았어요. 이곳도 철거하기 전에는 마을이 제법 커서 몇 백 가구가 살았어요. 여기서 태어나서 살다가 초등학교 1학년 입학 하고 이사를 해서 녹번동 쪽에 있었던 국립보건원 옆 골목 마을로 왔어요. 여기서도 3~4년 살다가 아버지가 자전거를 타고 출퇴근하시는 게 불편하시니까 불광터미널(서부시외버스터미널)에 대장간이 있던 시절 그 근처에 있는 집으로 옮겼어요. 당시 우리 남매가 어려서 어머니가 우리를 봐주셔야 하는데 대장간이 멀면 그럴 수 없기 때문에 대장간 근처로 이사하게 되었어요. 그러다가 아버지께서 대조동 89-155에 집을 하나 장만하셨어요.
사람들은 대장장이들이 돈을 못 버는 줄 아는데 대장간하는 사람들이 돈을 잘 벌었어요. 제가 어렸을 때 홍은동에서 텔레비전 있는 집이 우리 집밖에 없었어요. 그래서 동네 사람들이 김일 레슬링이나 축구 보러 우리 집에 다 모였어요. 당시 텔레비전에서 뭐 하는 날이면 안방에서 마루 건너 방까지 문을 다 열어버리거나 뜯어서 한켠에 놓고 동네 아저씨, 아줌마들이 모여 텔레비전을 봤어요.

어렸을 때부터 대장간 일은 별로 하고 싶지 않았어요. 초·중·고를 거치면서 아버지가 어디 가시면 가게를 봐주긴 했어요. 지금은 대수롭지 않지만 당시 아버지 일하시는 거 보면 데이고, 다치고 그러셔서 너무 힘들겠다는 생각이 들었어요. 그런 걸 봐 오며 자랐는데 누가 대장간이 하고 싶었겠어요.

박상범(남, 1969년생), 2021. 6. 17. 조사.

하지만 박상범이 입대할 무렵 불광대장간은 인력 문제에 봉착해 있었다. 대장간은 쇠와 불을 다루는 곳이기 때문에 자칫하면 큰 사고로 이어질 수 있어 일을 하려면 기본적인 업무를 이해하고 있어야 한다. 이 때문에 대장간에서는 경력이 있는 사람을 선호한다. 혹여 경력이 없는 사람이 대장간에서 일을 배우고자 하더라도 오랜 기간 동안 기술 습득을 무임금 또는 저임금으로 해나가야 하기 때문에 직원을 구하기 어려웠다. 제대로 된 직원을 구하더라도 대장간의 급여체계가 일급으로 지급되기 때문에 직원이 자주 교체되어 물품 생산에 차질이 생기곤 하였다. 이에 박경원은 직원을 채용하지 않고 부인과 함께 일을 했으나, 중년 여성의 몸으로 대장간 일을 감당하기란 여간 어려운 일이 아니었다.

박상범은 고등학교 졸업 후 용산에 위치한 국군기무사령부에 입대하였다. 부대가 서울에 있어 집에서 가까웠고, 외박과 휴가가 자주 주어졌다. 직원 없이 어머니가 힘든 대장간 일로 고생하시는 모습을 볼 수 없어 박상범은 외박을 나올 때면 짬짬이 대장간 일을 도왔다.

✦ 처음에는 아들을 시키지 않으려 했어요. 근데 일하는 사람들이 하도 속을 썩여서 사람을 데리고 하는 것보다 아들을 데리고 하는 게 좋겠다 싶었어요. 과거엔 포클레인이 없어서 곡괭이 같은 연장이 많이 들어 왔는데 아내가 망치질을 한번 하면 팔이 아파서 쩔쩔매니까 안 되겠다 싶어서 아들을 시켰어요. 당시 아들이 군대에 있을 땐데 토요일 날 외박 나와서 일하다가 일요일 저녁에 들어갔어요.

박경원(남, 1938년생), 2021. 6. 11. 조사.

✦ 고등학교 졸업 후 운이 좋게도 용산에 있었던 기무사(국군기무사령부)에 배치가 되었어요. 지하철 타고도 대장간이랑 가깝고, 한 2~3주면 한 번씩 외박을 나왔어요. 외박이 잦으니까 집에 올 때마다 대장간 일을 도와드렸어요. 당시 대장간에 직원이 없어서 어머니랑 아버지가 단 둘이 대장간을 운영할 때였어요. 어머니가 너무 힘들어 보여서 제가 외박 나올 때면 토요일 날 1시부터 대장간을 돕다가 그 다음 날 일하고 저녁에 부대에 복귀했어요. 당시로선 힘든 건 없었어요. 2~3주 있다가 잠깐 하는 거다 보니까 크게 힘들지 않더라고요. 근데 부모님이 몇 십 년 동안 하셨는데 20대 남자가 힘들다고 하기 민망했어요. 기무사에서 외박 나올 때마다 대장간 일을 했던 것이 기본기를 다질 수 있었던 시간이었어요. 물론 처음에는 대장간 일을 못했어요. 근데 평소에 아버지가 하는 것도 많이 봐와서 대장간 일을 배우는 것이 보다 수월했어요.

박상범(남, 1969년생), 2021. 6. 17. 조사.

박상범은 제대 후인 1991년부터 본격적으로 대장간 일에 참여하였다. 군 생활 동안 대장간 일을 도왔지만 어머니의 노고를 못 본 척할 수 없었다. 그는 처음에는 직원이 구해지기 전까지 대장간을 돕자는 마음으로 대장간 일을 시작하였다. 하지만 아버지의 권유로 대장간 머무르면서 현재에 이르게 되었다.

✦ 제대한 다음에는 진로를 고민하고 있었는데 어머니가 대장간 일을 계속 하니까 많이 힘들어 하셨어요. 근데 어머니가 힘드신 것을 못 본 척 할 수 없어서 당분간만 도와드리자 하고 대장간에 들어왔어요. 이후 아버지 권유로 대장간 일을 본격적으로 참여했어요. 대장간 일을 한다고 하니까 친구들이 미쳤냐고 했어요. 너희 집이 못 사는 것도 아닌데 왜 대장간을 하냐고 했어요. 근데 저로선 우선순위가 어머니의 건강이었고, 그 때문에 대장간 일을 하는 거였기에 친구들도 인정했어요.

박상범(남, 1969년생), 2021. 6. 17. 조사.

✦ 아들이 제대하고 서너 달 봐주겠다고 했어요. 그래서 제가 맡아 달라고 하니까 아들이 수락해서 하게 되었어요. 딱히 세워놓고 가르치는 것은 없는데 아들에게 아버지가 어떻게 하는지 보고 배우게 해요.

박경원(남, 1938년생), 2021. 6. 11. 조사.

박상범은 대장간에서 일하는 아버지를 보고 자랐기 때문에 대장간 일이 익숙했지만 처음부터 노련했던 것은 아니었다. 직접 하는 것과 잠깐 도와주는 것은 차원이 다른 문제였다. 박상범은 1991년에 대장간에 들어온 이래 아버지 박경원과 함께 불광대장간에서 판매할 물건을 만들면서 기술을 익혔다. 별도로 일을 배우는 순서나 과정이 있었던 것이 아니라 아버지와 함께 직접 메질하며 몸으로 대장간 일을 배웠다. 대장간의 주요 품목은 상시 재고를 마련해야 했고, 품목 별로 재고를 채우기 위해 했던 일들이 박상범이 대장간 기술을 익히는 수업이었던 셈이다.

불광대장간은 다른 대장간과 다르게 오롯이 손으로 물품을 생산하기 때문에 박상범은 망치 잡는 자세같이 세세한 부분은 아버지를 봐 가며 스스로 체득하였다. 박경원은 아들에게 간단한 요령만을 지도했고 박상범은 그 과정에서 자신만의 방법을 찾아갔다. 그러나 초보인 박상범이 스스로 체득한 방법으로 물건을 수월하게 만드는 데는 한계가 있었다. 간혹 메질에 집중을 못해 물건을 다시 만들어야 했던 경우도 있었지만 그때마다 박경원은 아들의 노력을 알기에 부드럽고 천천히 알려주었다. 초보자와 합을 맞추기 위해선 노련한 대장의 인내가 필요한 법인데 박경원은 박상범이 지금의 수준에 이르기까지 기다려 준 것이다. 이런 박경원의 기대에 부응하여 박상범은 어느덧 30년 경력의 대장장이가 되었다. 현재는 부자가 서로의 손발이 되어 불광대장간의 물건을 만들어 내고 있다.

✦ 대장간 일을 시작하면서 평소 아버지 그늘 밑에 있다가 대장간 일에 몸이 갖추어 있지 않고, 망치질도 하니까 대장간 일이 어려웠어요. 아무리 대장간 일이 눈에 익숙했다지만 잠깐 도울 때와 직접 할 때는 달랐어요. 그래도 당시는 20대 젊

박상범의 연마 작업

은 혈기니까 그저 했어요. 무엇보다 아버지와 어머니가 한 것인데 제가 못할 건 없다고 생각했어요. 이왕이면 부모님을 도와드리자고 시작했으니까 최선을 다하자는 마음에 친구들과도 잠시 연락을 끊고 대장간 일에 전념했어요.

다른 대장간에서는 제자를 가르칠 때 어느 정도 일을 배우는 순서가 있지만 저는 아버지가 물건을 만들 때 항상 저랑 같이 하시기 때문에 자연스럽게 일을 배웠어요. 망치 한 종류를 100개 정도 만들면 망치를 만드는 것이 제법 익숙해지는데 또 다른 망치를 만들게 되면 또 배우는 식이에요.

폼새 지적도 별로 없었는데 그건 스스로 하면 알기 때문이에요. 요새 대장간이 기계를 많이 쓰니까 망치 잡는 폼새도 가르쳐야 하지만 우리는 손으로 하니까 스스로 터득했어요. 아버지가 제게 "망치를 길게 잡아라, 짧게 잡아라"라고 이야기 하신 적은 없어요. 스스로 힘이 있으면 길게 잡아서 세게 치고 힘이 빠지면 짧게 치는 거예요. 또 초기 성형할 때는 모양을 잡아야 하니까 당연히 길게 잡아야 하고, 완성 단계에는 다듬어야 하니까 짧게 잡는 거예요. 그 대신 저희 아버지도 "이 부분은 세게 해라, 약하게 해라" 정도는 알려 주셨어요.

박상범(남, 1969년생), 2021. 6. 17. 조사.

불광대장간 부자의 창 제작

아버지 박경원이 집게를 잡고, 아들 박상범이 메질을 하며 작업을 한다.

2-3

박경원의 은퇴와 앞으로의 불광대장간

불광대장간 부자의 연마 작업

불광대장간의 창업자인 박경원은 고령으로 은퇴를 준비하고 있다. 하지만 특별히 은퇴 시점을 정해놓은 것은 아니다. 그는 건강이 허락하는 한 대장간에서 일하기를 소망하고 있다. 박경원은 자신을 이어 대장간을 운영할 박상범에게 대장장이는 계속해서 배우려고 노력해야 한다고 조언한다. 자신이 그래왔듯 아들이 꾸준히 노력해서 기술을 터득하고 더 나은 대장장이로 거듭나길 바라는 것이다.

✦ 내가 아들한테 어떻게 하라 가르쳐도, 자기가 배우려고 노력을 해야 해요. 우리 아들 보고도 그러는데 아버지 일을 오래 못 하니까 네가 보고서 우리 아버지는 뭐 만들 때는 어떻게 하더라, 뭐 만들 때는 어떻게 자르더라. 아버지가 얘기 안 해도 네가 보고서 다 배우라고 해요. 저는 아들에게 일일이 얘기 안 해요.

박경원(남, 1938년생), 2021. 9. 9. 조사.

불광대장간의 대를 잇는 박상범의 향후 목표는 아버지의 삶을 따라가는 것이다. 아버지가 홀몸으로 상경해 평생을 대장장이로 살아 온 것처럼 박상범도 아버지의 길을 따라가고 있다. 현재의 불광대장간은 지금의 대장간을 유지하는 것을 최고의 목표로 삼고 있다.

박상범이 불광대장간의 미래에 대한 구체적인 계획을 세우지 못하는 데는 몇 가지 이유가 있다. 가장 첫째는 인력 문제이다. 현재 대부분의 대장간은 기계를 바탕으로 1~2명의 종사자가 대장간을 운영하고 있다. 박상범은 대장간에 기본적으로 3~4명의 인원이 있어야 유사시 대장간 운영에 차질이 없다고 생각한다. 기술자마다 보유한 기술에 차이는 있겠지만 기술자 밑에서 새로운 사람들이 계속해서 기술을 배워 대장간을 운영할 정도의 실력을 갖추면서 대장간 기술을 가진 인력을 꾸준히 배출해 나갈 수 있다고 판단하고 있다.

그 다음은 공간 문제이다. 많은 1인 대장간들이 좁은 공간에서 대장간을 운영하고 있는 것이 우리나라 대장간의 현실이다. 박상범은 나라로부터 국유지나 시유지를 불하 받아 대장장이 연합을 만들고, 대장간을 운영하는 것도 좋은 방법이라고 생각하고 있다. 이렇듯 그는 전통기술을 전승해 가는 대장간에 대한 사회적 차원의 지원이 있어야 한다고 말한다. 그래야만 불광대장간을 비롯한 얼마 남지 않은 대장간들이 생존할 수 있기 때문이다.

이후 이런 문제들이 해결되면 박상범은 기계의 도움을 최소한으로 사용하여 불광대장간의 모습을 보존하고자 한다. 더불어 외국인이나 젊은 사람들에게 대장간을 체험할 수 있는 공간을 마련하는 것이 그의 바람이다.

✦ 지금 현재로선 공간 때문에 기계도 못 놓고 주택가에 있어서 소음도 있기 때문에 아무것도 할 수 없어요. 제가 뭘 할 수 없는 상황에서 상상하고 할 필요가 없이 지금 최선을 다해서 하고 있어요. 그래서 현재의 목표는 유지예요. 내 땅이 아닌 이상 대장간을 임대로 운영해야 하는데 건물주가 대장간은 임대로 두지 않으려 해서 갈 곳도 없어요. 그래서 옮길 계획도 없어요. 지금 현재 불광대장간 자리가 평당 3천만 원인데 그 돈을 구할 수가 없어요. 그렇기 때문에 서울에서는 대장간이 점점 없어지고 있는 거예요. 한 50평(165㎡)만 해도 15억인데 거기에 건물 지어야지 그냥 20억이에요. 근데 누가 대장간 하려고 20억씩 투자하겠어요.

하루에 보통 여덟 시간을 일 해야 되는데 나 혼자 대장간을 하게 되면 여덟 시간을 더 해야 해요. 그러니까 대장간 인력이 기본 2명으로 구성돼야 해요. 그것도 최소 인력이고 사람이라는 게 변수가 있어서 누가 아프거나 빠지면 3~4명은 기본으로 있어야 해요. 그렇게 하다가 배우겠다는 사람이 오면 그 사람들이 기술자가 돼서 같이 일하면서 대장간의 인력이 선 순환적으로 바뀌고 이게 지속되어야 대장장이라는 직업이 유지되고 발전할 수 있어요.

가장 큰 건 공간이에요. 나라에서 시유지나 국유지를 불하해 준다면 그걸 갚아나가면서 하고 싶어요. 그리고 그 땅에 나처럼 혼자 하는 대장장이들과 함께 연합같이 운영해 나가는 방식으로 불하 받은 땅에 대한 빚도 갚고, 대장간을 꾸려나가고 싶어요.

박상범(남, 1969년생), 2021. 9. 9. 조사.

353-8543
불광대장간
불광 대장간
02) 353-8543
010-7211-8543
불광대장간
TEL. 353-8543
H.P.016-9211-8543

출처: 서울미래유산

2-4

불광대장간의 공간

대장간 공간의 변화

대상지의 지적 현황을 보면 대장간 주 작업 공간의 일부가 도로를 점유하고 있는 것을 볼 수 있다. 2010년 촬영된 사진을 보면 이 부분은 기존 건축물에서 덧대어 늘린 공간임을 확인할 수 있다. 현재는 건축물대장 상 위반사항이 없는 것으로 확인된다. 최초 불광대장간은 화덕을 외부에 두고 작업을 하다가 점차 점유공간이 늘어나면서 현재 주 작업 공간을 내부화하게 된 것이 아닌가 추측해 볼 수 있다. 현재 불광대장간은 전면도로와 후면도로를 연결하는 골목 상당 부분을 실제 대장간 작업 공간으로 활용하고 있다.

입주 후 인근 변화

1973년 현재 대장간 위치 전면 도로(통일로69길)가 없었으며, 대장간은 유휴지 초입에 위치하였다.

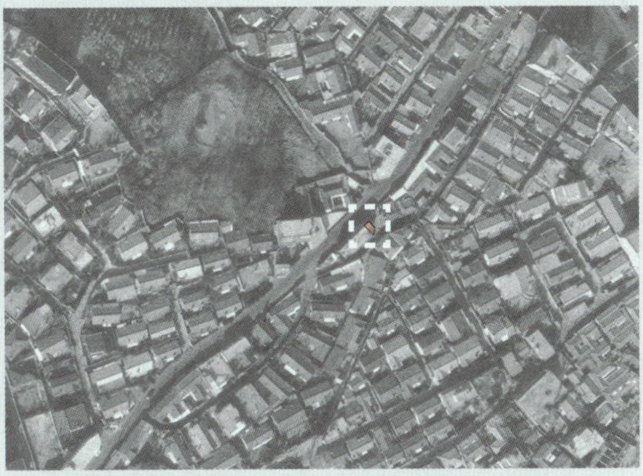

1978년 불광대장간 신축 및 대장간 북측 도로가 신설되었다.

1985년 대상지 인근 북측 유휴지에 서울 대은초등학교가 신축하였다.

2010년 지붕 모양 변화를 통한 다세대 주택 등 중층주택이 증가한 것을 알 수 있다.

2021년 현재 대상지 인접 서측의 불광지구단위계획구역 지정 및 대조1 주택재개발구역 개발 (사진의 대규모 공터)로 역세권 고밀주거구역으로 변화 중이다.

저층 주거지에서 고밀도 주거 구역으로 변화 중

불광대장간이 입주 당시에는 저층 주거지 내 동산 아래에 위치하고 있었다. 이후 초등학교가 들어서고 상가골목이 형성된 것으로 보인다.
현재는 인접한 불광지구단위계획구역의 주택 재개발로 대조1구역 고밀주거지 (고층 아파트단지)로의 변화를 준비 중이다.

배치도

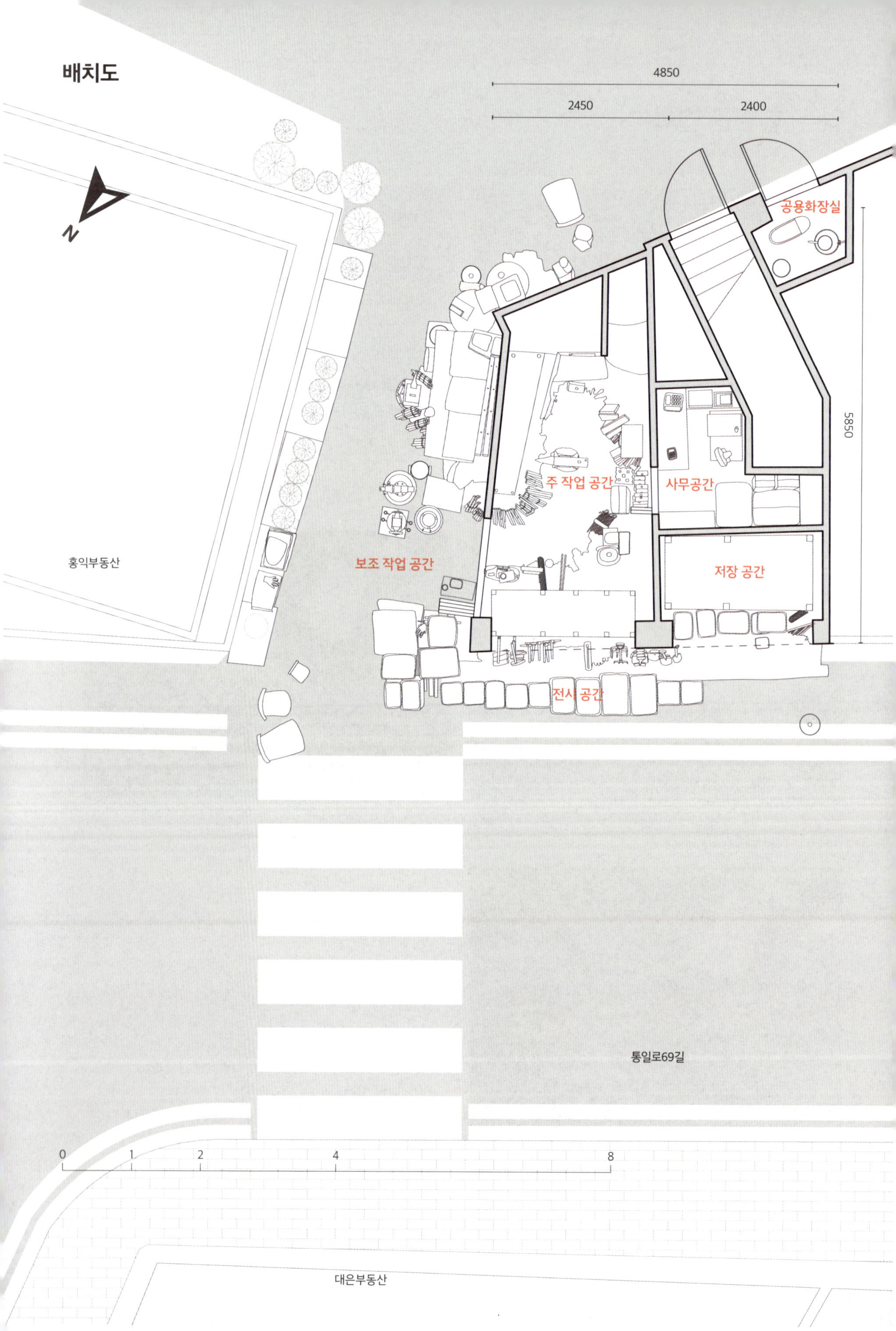

4850
2450
2400
5850
공용화장실
주 작업 공간
사무공간
보조 작업 공간
저장 공간
전시 공간
홍익부동산
통일로69길
대은부동산
0
1
2
4
8
N

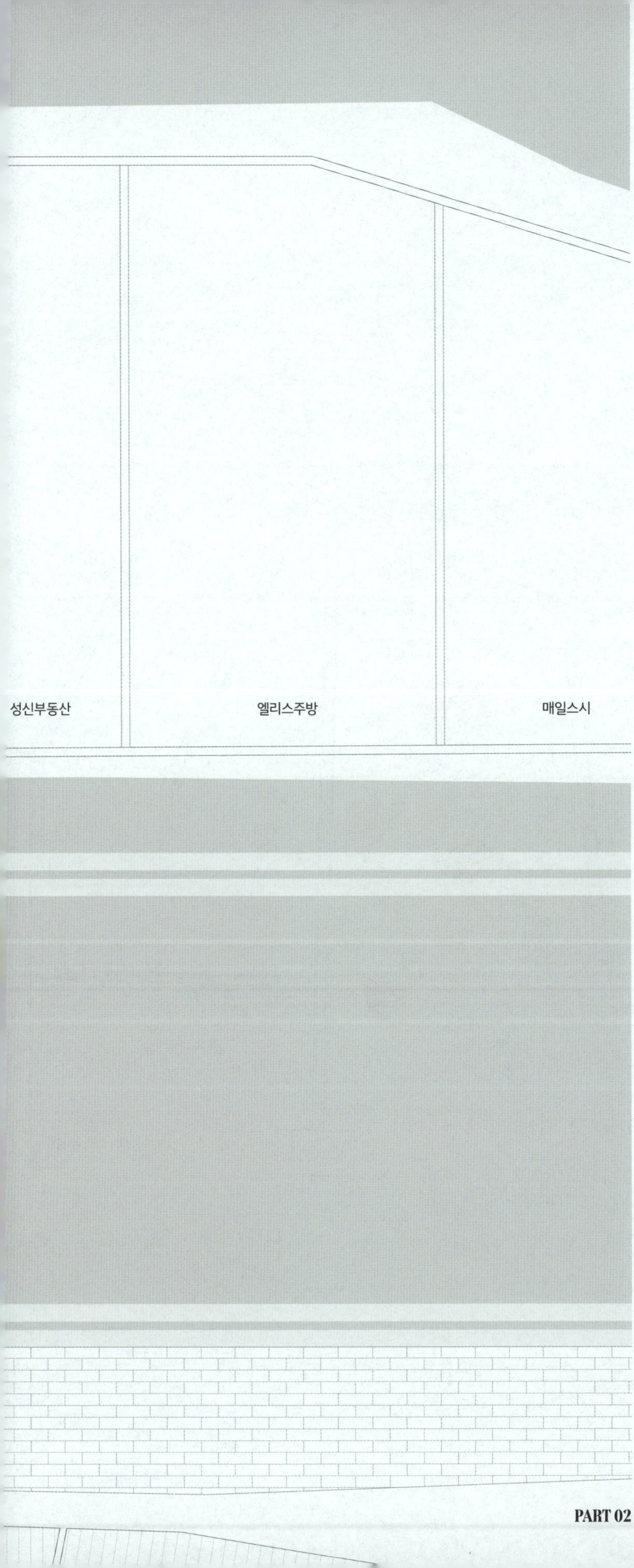

주 작업 공간

보조 작업 공간

전시 공간

전시 공간

사무공간

평면도

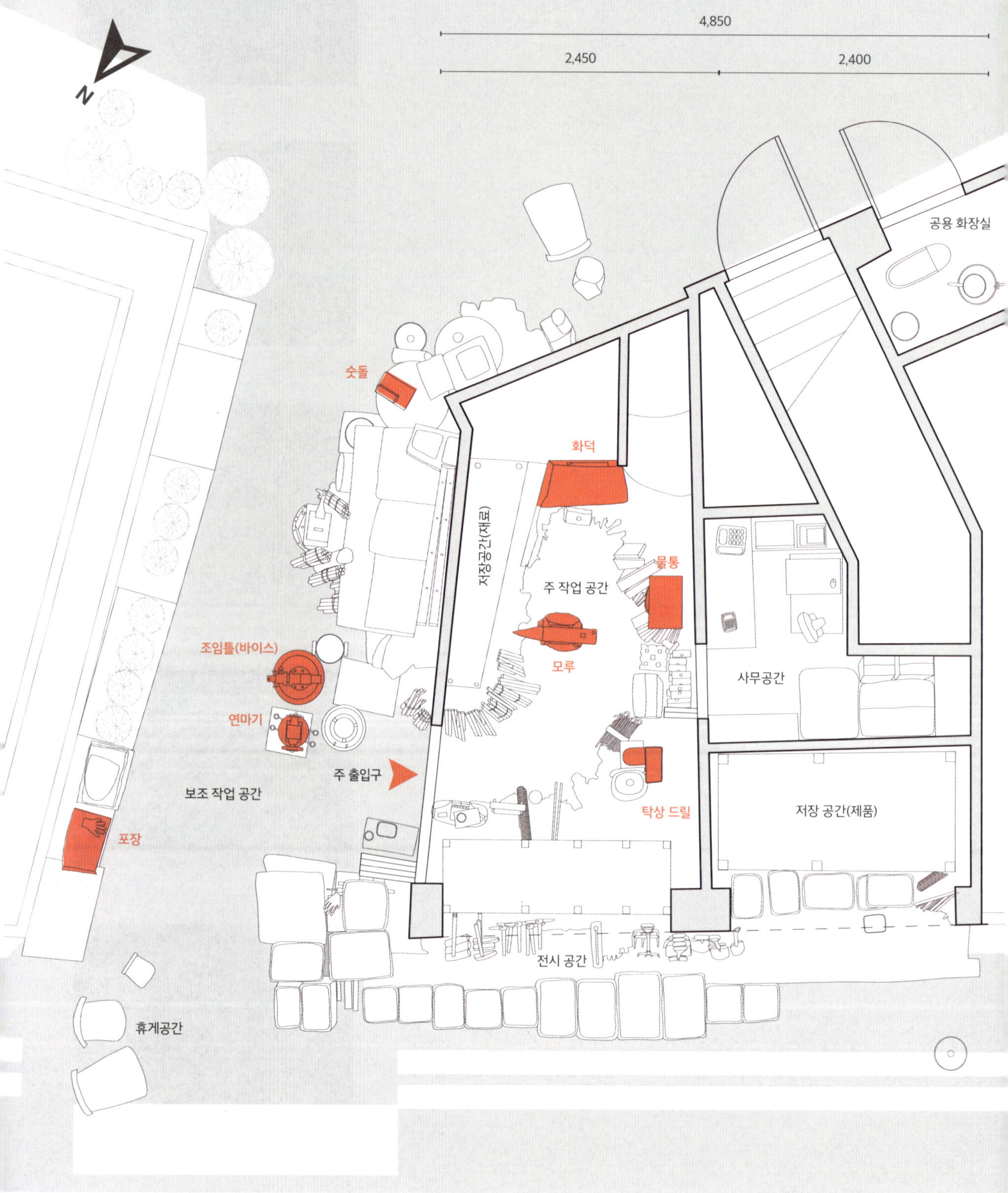
4,850
2,450
2,400
N
공용 화장실
숫돌
화덕
저장공간(재료)
물통
주 작업 공간
모루
조임틀(바이스)
사무공간
연마기
주 출입구
보조 작업 공간
탁상 드릴
저장 공간(제품)
포장
전시 공간
휴게공간

기기별 크기 가로 X 세로 X 높이 (mm)

화덕 775 X 297 X 2960

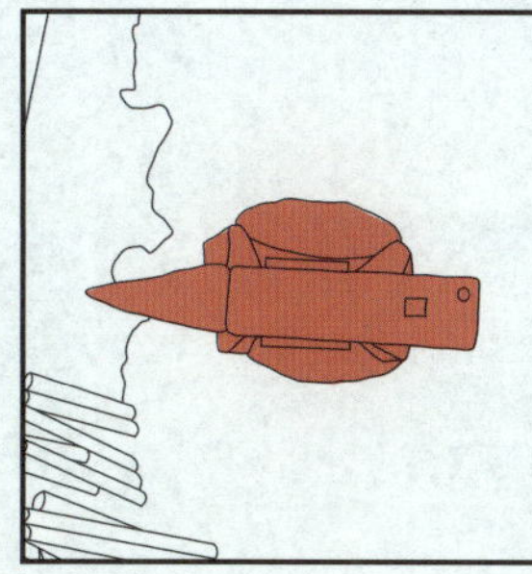

모루 733 X 326 X 252

단면도

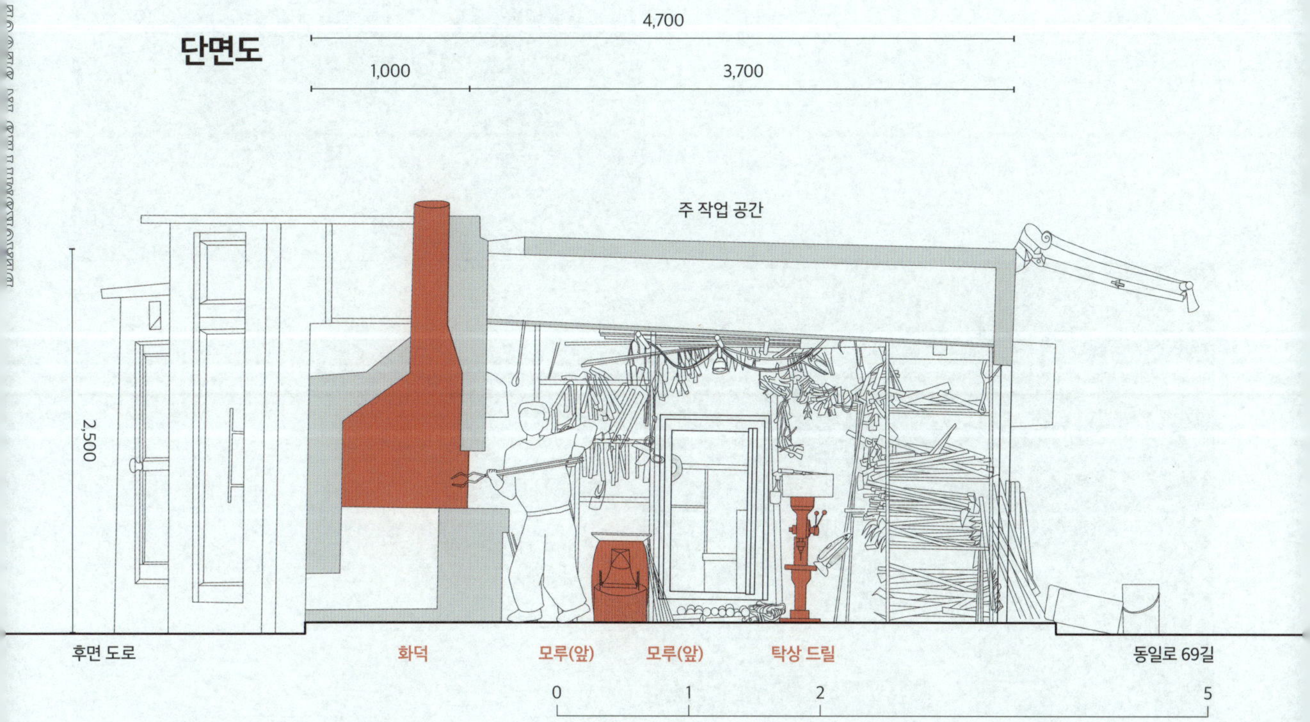

공간별 현황

전시 판매 공간

대장간 외벽에 제품을 고리에 걸어 진열하거나,
선반에 놓아 전시한다. 낫, 호미 등 손님들이 자주 찾는
물건은 플라스틱 상자에 종류별로 담아 도로변에 진열한다.
폐점 시에는 제품이 담긴 상자를 저장 공간 내부에 수납한다.

진입 공간 및 보조 작업 공간

대장간의 내부 공간이 매우 협소한 까닭에
진입 공간 주변의 외부 공간에 머무는 경우가 많다.
실제로 진입 공간 주변에서 판매, 연마, 타공, 절단 등
보조 작업과 손님 대응이 이루어진다.

주 작업 공간

불광대장간의 주 작업 공간은 협소하지만 화덕, 모루,
물통 등이 자리잡고 있으며, 일부 저장까지 담당하고 있다.
손을 뻗거나 몸을 돌리는 동작만으로도 필요한
도구를 취할 수 있다. 공간적 한계로 기계식 해머 없이
수작업만으로 물건을 만든다.
때문에 도구나 제품의 크기가 작은 것들이 많다.

보조 작업 공간

주택가에 인접해 기계식 해머의 육중한 소음이 부담으로 작용한다. 때문에 수작업으로 도구를 생산해 소음발생을 최소화한다. 날씨가 허락한다면 단조 작업 외 대부분의 작업을 외부에서 진행한다.

저장 공간

좁지만 알차게 수납하여 공간을 활용하고 있다. 키높이 상부의 천장 하부 공간을 수납으로 활용하고 있는데, 특히 길이가 긴 철근이 갖는 특징을 활용한 보관 방법이 흥미롭다. 또한 화덕 작업이 필요한 것들(주로 금속류, 쇠)은 화덕 주변에 저장하여 바로 꺼내서 쓸 수 있도록 하였다.

사무공간

계단 하부의 버려진 공간이었을 곳을 활용하여 일어서서 활용하기는 어렵지만, 앉아서는 다양한 작업이 가능한 사무공간을 두었다. 계산이나 간단한 서류 작업 등이 가능하고, 나사못 같은 작은 부속재료들을 보관하기도 한다.

업무 흐름 및 작업 동선

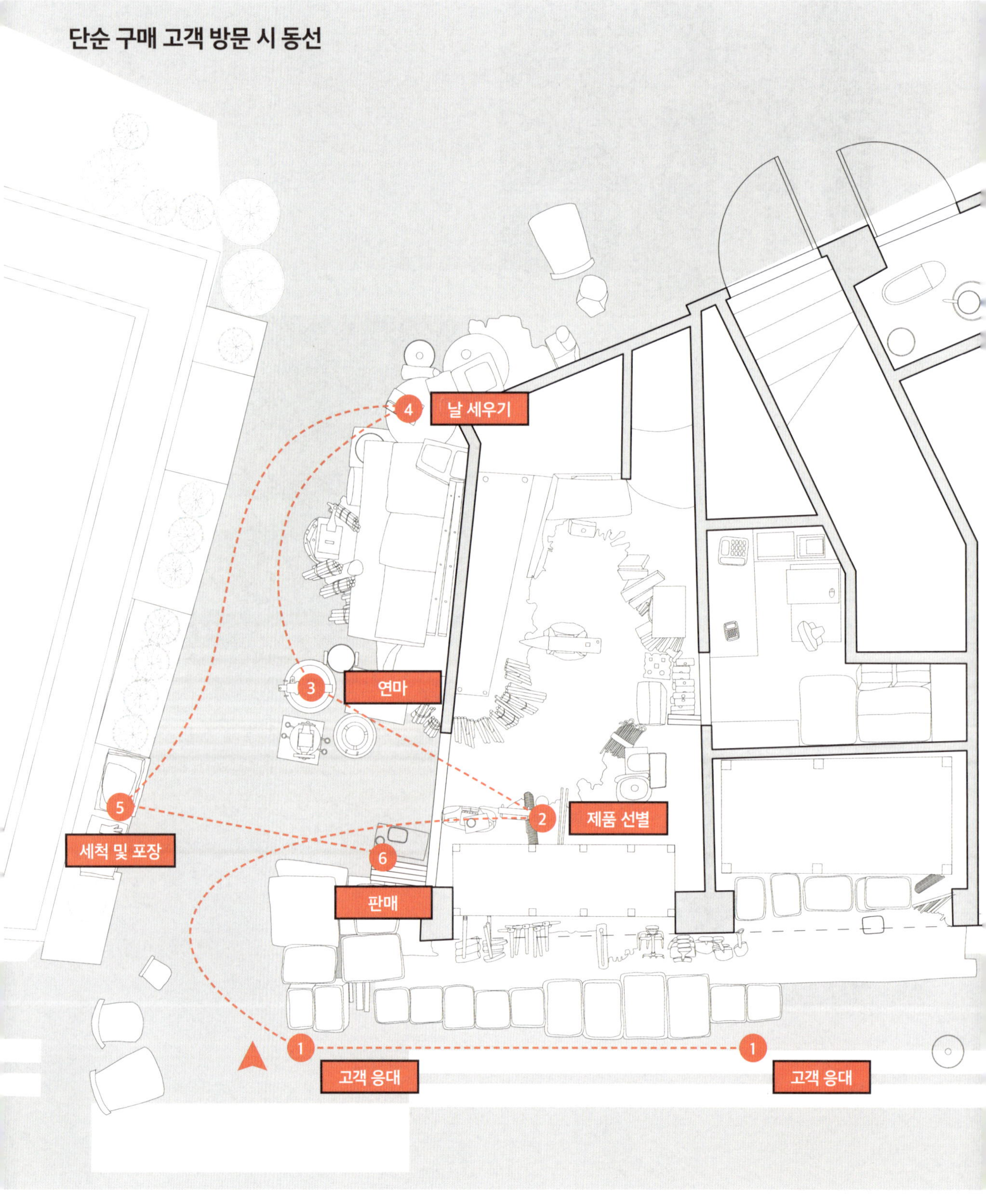

제작 및 가공 의뢰 고객 방문 시 동선

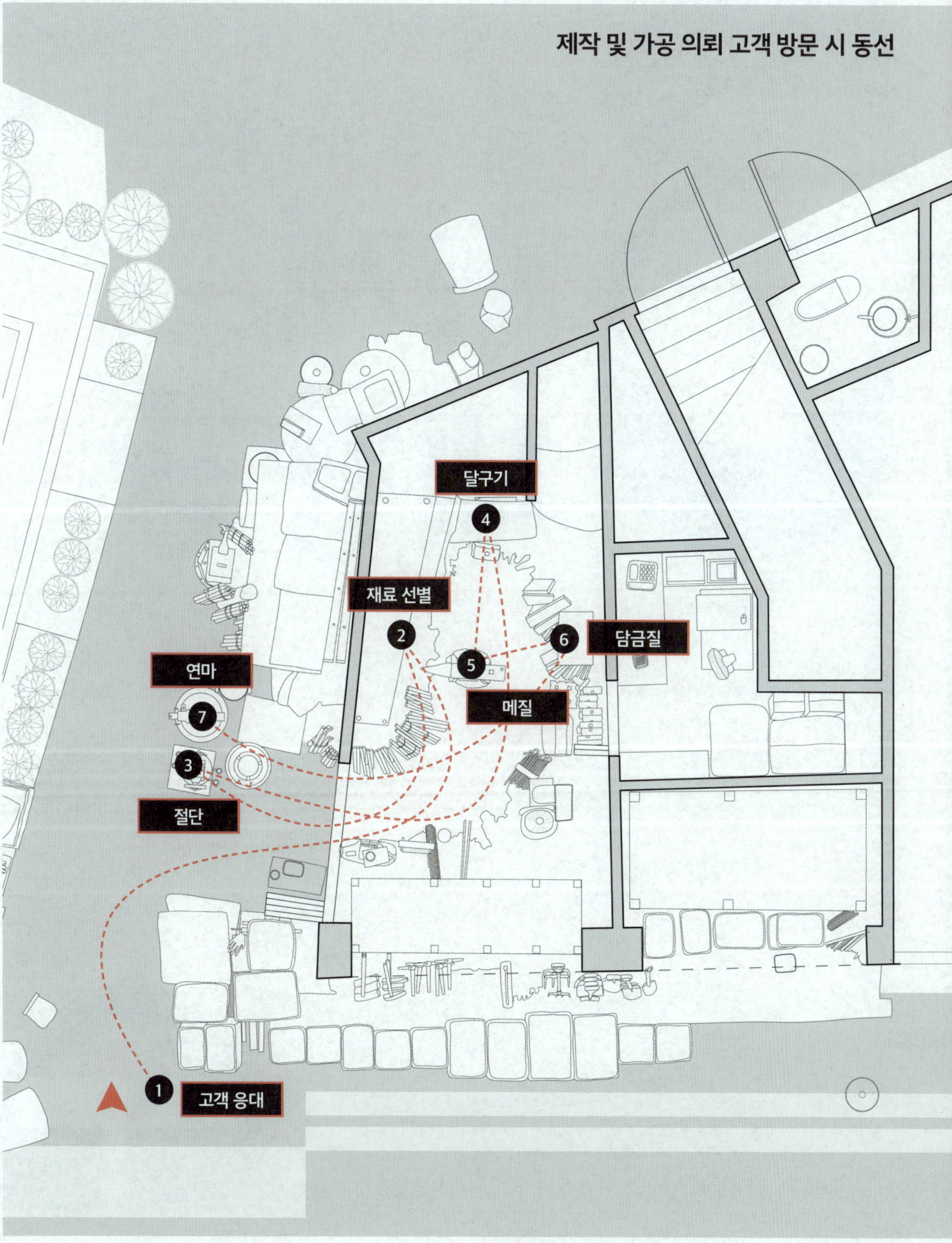

3

제자를 키워가는

형제 대장간